沟通的艺术

所谓情商高就是会说话

谢 普 编著

吉林出版集团股份有限公司|全国百佳图书出版单位

版权所有　侵权必究

图书在版编目（CIP）数据

所谓情商高就是会说话 / 谢普编著 . -- 长春：吉林出版集团股份有限公司, 2020.6

（沟通的艺术）

ISBN 978-7-5581-8646-2

Ⅰ . ①所… Ⅱ . ①谢… Ⅲ . ①心理交往 - 语言艺术 - 通俗读物 Ⅳ . ① C912.13-49

中国版本图书馆 CIP 数据核字（2020）第 091265 号

GOUTONG DE YISHU
沟通的艺术

编　　著：	谢　普
出版策划：	孙　昶
责任编辑：	侯　帅　王　媛　王诗剑
装帧设计：	李　荣
出　　版：	吉林出版集团股份有限公司
	（长春市福祉大路 5788 号，邮政编码：130118）
发　　行：	吉林出版集团译文图书经营有限公司
	（http://shop34896900.taobao.com）
电　　话：	总编办 0431-81629909　营销部 0431-81629880 / 81629900
印　　刷：	天津海德伟业印务有限公司
开　　本：	880mm×1230mm　1/32
印　　张：	25
字　　数：	500 千字
版　　次：	2020 年 6 月第 1 版
印　　次：	2020 年 6 月第 1 次印刷
书　　号：	ISBN 978-7-5581-8646-2
定　　价：	138.00 元（全五册）

印装错误请与承印厂联系　　电话：022-82638777

前　言

在当下，说话和表达能力在人际交往中日渐被重视，一个人只有把话说好，才有好人缘。

说好话是一门学问，是一种智慧，更是一种生活态度的体现。古人云："一言兴邦，一言丧邦。"而在当代社会，同样也有"一句话可以让人笑，一句话也可让人跳"。这些名言表达的正是说话在我们的人际交往中的重要作用。会说话的人，在人际交往中左右逢源、如鱼得水，而不会说话的人，在人际交往中左右受限、寸步难行。

学过历史的人都知道，春秋战国时期，社会极其动荡不安，各诸侯国之间为了各自的利益，不断攻伐，战事频仍。然而乱世出英才，这个时候涌现出了不少以雄辩闻名的外交家、纵横家，他们用那三寸不烂之舌，周旋于列国之间，挽狂澜于既倒，弭战事于无形。他们用自己的"言论"报效国家，令人敬佩。这让人不禁想起那句："一言之辩，重于九鼎之宝；三寸之舌，强于百万之师。"

我们天天说话聊天，不见得就能熟能生巧，个个练出好口才。朱自清在《说话》一文中说："人生不外言动，除了动就只有言，所谓人情世故，一半儿是在说话里。"朱自清夸张了吗？并没有。毫无疑问，口才高手会比别人赢得更好的人缘与更多的机会。他们一开口，世界就是他们的。

社交、面试、辞职、道歉、见客户，甚至安抚朋友，都需要你懂得沟通的艺术。本书通过"所谓情商高就是会说话""回话的艺术""跟任何人都聊得来""别输在不会表达上""说话心理学"五个角度，破解阻碍沟通的隐形密码，让每一次对话都直抵问题核心；精巧布置的说服模式，让对方在不知不觉中被你说服。本书就是这样的社交沟通经典读物，它能教会你在不同的时间、地点、场合，对不同的人说出得体的话语，让你的人生从此顺遂很多。

目 录

第一章 情商高的人倾听有方

最好的听众是信任 …………………………………… 2

打断发问有失礼貌 …………………………………… 5

不感兴趣也别用呵欠来打发 ………………………… 7

等待时机也是一种听话技巧 ………………………… 10

专心听对方说话更容易说服对方 …………………… 12

"听"出对方的真实意图 …………………………… 14

交谈时如何记录重点 ………………………………… 17

倾听男人的梦想是一种礼貌 ………………………… 19

别人炫耀时不可插嘴 ………………………………… 21

留一只耳朵听听自己 ………………………………… 23

别太在意"我只对你说" …………………………… 25

不要不懂装懂 ………………………………………… 27

第二章 情商高的人说话有道

运用字眼的 4 个原则 …………………………………… 30
听听你自己的声音 ………………………………………… 33
尝试打开对方的话匣 ……………………………………… 37
称赞和感谢要真诚 ………………………………………… 43
赞美是最好的鼓励 ………………………………………… 46
安慰是一朵温馨的花 ……………………………………… 48
夫妻冷战怎么破局 ………………………………………… 52
与陌生人交谈要讲究方法 ………………………………… 59
如何与不同性格的人交谈 ………………………………… 69

第三章 情商高的人谈吐非凡

说好话的前提是充实自己 ………………………………… 74
选择良好的说话素材 ……………………………………… 76
善于运用说话素材 ………………………………………… 79
忠言不必逆耳说 …………………………………………… 82
你的聪明不要用唱反调来表现 …………………………… 85
感情最经不起质问 ………………………………………… 88
开玩笑的 5 个原则 ………………………………………… 91
不要讨论别人的短处 ……………………………………… 95

摒弃不良的说话习惯……………………………… 98

第四章　情商高的人应答自如

应答是交谈的调味料……………………………… 108
适当表明自己的态度……………………………… 111
夸张也是一种互动技巧…………………………… 113
强调交谈内容的价值……………………………… 115
用应答来引导谈话………………………………… 117
电话应答的艺术…………………………………… 119

第五章　情商高的人说服有力

感受别人的处境…………………………………… 122
关注对方的注意力………………………………… 126
站在对方的立场…………………………………… 129
先说服自己再说服别人…………………………… 132
劝导不如引导……………………………………… 139
迂回说服的意外效果……………………………… 141
说服别人是场持久赛……………………………… 145
把自己的意志转嫁他人…………………………… 148

第一章
情商高的人倾听有方

倾听是一种礼貌,一种出于对讲话者尊重的礼貌。你在尊重他人的同时,也会得到他人的尊重,元代郑廷玉在戏剧《楚昭公》中有台词云:"请大王试说一遍,容小官洗耳恭听。"听别人说话,要洗干净耳朵以示恭敬。

最好的听众是信任

善于倾听的人会赢得更多的朋友，因为你分享了他的欢乐、分担了他的忧愁，善于倾听的人才能够明白别人的意图，找到合适的应对之法。善于倾听，也意味着慎言，避免流言，不伤害自己，也不伤害他人。

大部分听人说话技巧高明的人，都能不着痕迹地配合对方的喜怒哀乐。对方说到伤心处就随之哀痛，对方高兴也随之欣喜，整个人的感情都专注于对方身上，几乎抹杀了自己的个性。

有位心理医师曾说："我有 A、B 两种个性，而后者足以凌驾前者。"他由于工作上的关系，更需配合患者的情绪变化而变化，如果只是静静倾听，可能无法获得患者的信任，这会影响治疗工作。

环顾四周的人，其中一定有人值得你信赖，而你愿意向他吐露心事。这些人不仅会分享你的快乐、忧愁，而且会为你出主意或纠正你的错误。正因这些人能设身处地为你着想，你才会坦然将自己的心里话说出来。

的确，在获取对方肯定前，自己必须先肯定对方，多表明站在对方立场的态度，定能听取对方更多的心事。心意是否能传达给对方，同时被对方所接受，完全掌握在你手上。

这是杨先生首次生产电插座时所发生的故事。当时对推销产品完全外行的杨先生，不了解自己所生产的插头能卖什么价钱，于是就请教某批发商如何直接定价。

他老实说自己不懂得价钱，所以无法决定，而批发商十分热心，帮助他算出零售价，并购买他的插头。如果这批发商心怀不轨，一定会狠狠敲一笔，然而他并未如此做，反而表示："你的产品不错，可卖这种价钱。"

杨先生对于批发商的态度十分感激，感到社会仍是温暖的。不过社会上也有黑暗的一面，有很多人因上过当，从而产生处处防范他人的心理，这真令人痛心疾首。

不信任人的人，对自己或周围的人均无益处，这是杨先生的看法。他还说过，我相信人间到处有温情，只要以诚待人，一定能获得相同的回馈。直至今天他仍然感谢那位批发商。由此可见，是"信任别人"这信条奠定了杨先生事业的基础。

而这信条也适用于听人说话方面。当对方热衷谈论经验时，你却以怀疑的口吻反问："是吗？"或凭自己的意思判断对方，甚至漫不经心。这种态度当然会影响对方，逐渐地降低谈话兴趣，并很快地结束谈话。

任何人都不会对不信任的人表白真心，顶多是说些无关痛痒的话，这种损失实在难以弥补。所以，我们必须相信对方，没有一丝作假，那么，对方自然会敞开心扉，表露出真正的一面。

打断发问有失礼貌

有位主持人曾在他自己的著作中提到"谈话与礼节"这个问题。书中表示,一般年长的人说话都倾向于"说教",但仍须虚心地听。即使长辈表达不完整,也应避免中途打断。

书中描述到有一天,我们聚在一起闲谈,天南地北扯不完。记得一位长辈向我问话时,我不待他问完即打断,说:"你是不是要问我……"对此,他并未显露出不悦的表情,只是暂时打住问题而听我说。

他掌握时机分秒不差,不由得叫我佩服得五体投地。他配合当时的情况,先让给我发表意见的机会,然后才继续自己未完的问题,听人说话技巧的确高人一等。毫无疑问,说者往往会受听者的礼节与情感所引导。

交谈中需相互交换意见,才能顺利进行。应在坦诚谈话并表示了解后,再陈述自己的意见。倘若不遵守这原则,可能会造成各说各话的情形,以至于谈话不投机,有害人际关系。

然而，我们常因热衷于谈话，而忽略了这原则。虽然完全没有恶意要抢先，却会发生打断对方谈话的情形。比方说，对方正在提问题时，你打岔说："是啊，我也正想提这点呢。"或者对方反问之际，你连忙矢口否认："不！不！我将于这月中提出完整的计划。"打断对方而发表自己的意见。

像这样的谈话方法，最容易引起对方不满。应等候对方说完，再正式提出自己的意见。在表达自己看法前，必须用心听对方讲，充分显露出尊重的态度。

尤其是面对长辈或顾客时，更需具备这种礼节。举例来说，在发问中，对方说道："关于这点……"你应立刻停止发言而专心听对方说，这表示自己愿意帮助对方尽早解决疑问，绝不能打断对方的话题。当然，更重要的是从对方谈话中掌握对方的意向。

不感兴趣也别用呵欠来打发

人是理性的动物，同时也是感性的动物。在人的行为中，理性与感性哪一方面所占的比例大？关于这点，我们来听听美国某行为学专家的看法：

"人有时是理性的动物。但大部分行为都是被冲动或偏见所支配，甚至是由胃痛或贫血等身体症状来决定的。"

根据这种看法，人的行为大致是由感情所支配。这点从日常生活中就能证实。例如，一般人与人交谈时，多以当时当事人的态度判断谈话内容的好坏，而不以谈话内容本身衡量。同样的谈话内容，如果谈话者态度良好，就认为"嗯，这个人说话很有道理"，但如果态度恶劣，便会产生类似这样的批判性反应"这个人光说不做……"。

从这种心态看来，赢取欢心是使对方肯定自己谈话的必备条件。即使对方的谈话再无聊，也须装出很用心听的样子，因为人都对肯听话的人有好感。

某位名噪一时的相声大师曾接受杂志访问，记者问："大师，你说相声已久，听众们对你拿手的段子也都耳熟能详。如果你在说相声时，听众席传来嘘声'怎么又是这出……'，那么你做何感想？"这位相声大师莞尔一笑，不慌不忙地答道："这对我来说根本无关痛痒，因为这表示听众对我的相声仍有兴趣。"

原来，大师最担忧的是，听众不肯听他说相声而打呵欠。假如在表演中看到听众张大嘴巴打呵欠，一定令他当场愣住，再也说不出一个字。难怪有人说："杀死相声大师不需刀，只需打三个呵欠即可。"

不仅是相声演员，一般人说话也同样会介意听者的态度。当对方眼神专注时，必然以为"他一定觉得我的话很有意思"。相反的，当对方转开脸，自然会想"他可能感到十分枯燥吧"。说者往往会以听者的态度衡量他对自己的感情。

因此，纵然说者言语无味，也绝不烦躁、发出嘘声或打断，而应耐心地听完。如此必能打动说者的心，自然而然对你产生好感。起初，你或许会感到很没趣，但仔细听后，反而会接受对方，进而了解对方。一旦双方建立良好的人际关系，对方也能明了你的话。

而这种人际关系同样适用于家人之间。

大部分家长都会问子女："你喜欢爸爸还是妈妈？"据了

解，以"我喜欢妈妈"这个答案居多。这是由于母亲时常听孩子说话的缘故。反观父亲，孩子想自由自在地发表意见，但父亲可能会禁止："吃饭时不要讲话！"渐渐地，孩子自会疏远父亲。

最后再提醒一次，要是想博取别人的好感，不妨尝试多听对方谈话。

等待时机也是一种听话技巧

有位小提琴教授,他的教学方法独树一帜,对初学琴的学生不发给乐器,而要求他们默默地"听"人练习拉琴,直到学生的学习意愿达到顶点时,才让他们接触乐器练习,结果大部分学生都能在短期内表现优异。

像这种情形也可运用于语言沟通方面。有些人急于表达自己的意见,却因表达不完整而焦躁。这时,听者与其不停地催促,不如静静地等候,如此反而能帮助说话者表达清楚。

为什么这种方法能奏效?我们都知道,听同样一个人说话,听者的反应常因说者当时的状况及谈话内容而改变。同理,说者的反应也会随着听者而起伏不同。如果听者反应太强烈,完全不考虑说者的立场,往往只能听到索然无味的内容。

好比鱼类和蔬菜有盛产期一般,说话也讲究时机。等待时机也是听话的技巧之一。齐女士为某杂志社撰写专栏,她教育子女很有一套，值得我们借鉴。关于孩子的服装或礼貌她从不干涉。比方说，上幼儿园的儿子毛衣前后穿反时，其他孩子妈妈一定加以纠正："赶快穿好，不然其他小朋友会笑你的。"但她却置之不理，就让孩子去上学。结果孩子放学后，毛衣已穿好，与早上出门时不同。这是因为孩子从其他小孩身上发现错误而自动改正。有一次，孩子的裤子又前后穿反，由于没办法上厕所，第二天自然就穿对了。

的确，由自己发现错误并纠正，便不会再犯相同的错误。说话与穿着或礼貌相同，都需耐心等候时机到来，这点是不容怀疑的。

专心听对方说话更容易说服对方

年轻人对松下集团的创始人松下幸之助大都不陌生。松下幸之助之所以成功，在于建立庞大的销售网络。然而，在建立目前稳固的销售体制前，他也曾经历几次经营上的危机，所幸他都克服了。

其中以1965年开始的经济低迷期最严重，连带影响松下电器销售行和代理店，使之都陷入困境。当时，松下幸之助为改善情况，决定彻底检讨整个销售体制。但却遭到部分销售行和代理店的反对，而且反对的声浪日渐高涨。

于是，松下幸之助召集1200家销售行的负责人，由持反对意见的负责人一一发表意见。然后才轮到他本人发言，他采取温和的态度，详细说明新的销售方式。由于松下谦和的应对，终于获得全体与会负责人的支持，同意推行新方案。

日本前首相田中角荣是有名的"名嘴"，他同样具有特殊的说服力。尤其在地方上做街头演说时，更是倾倒所有在场的听众。

为什么他的演说如此具有魅力呢？仔细加以分析，是由于他有"听话"的涵养。

据说，他十分重视民意，每天都会接见陈情的百姓，而且对每个人一视同仁，再细微的事也会去办。但真正使演说成功的原因，却是专心倾听意见与谦虚的态度。

不可否认，唯有听人说话，别人才能接纳自己的看法。如此双方必能产生信赖关系，使说出的话具有说服力。以上两个例子告诉我们，听别人说话，是与人沟通必须采取的基本态度。

"听"出对方的真实意图

每位推销员都经过严格的职前训练,他们都熟知如何抓住顾客的心理。除非把他们挡在大门外,否则很容易掉进陷阱,卷入一场拉锯战中。

一般对商品知识完全外行的家庭主妇,碰上口才高明的推销员只有听的份,加上推销员利诱,如什么永久售后服务、可获赠品等,到最后一定会掏腰包。而推销员绝不会放过任何机会,所以顾客难逃他们的算计。

"也不知道是为什么,他说得头头是道,一不留神就买下了。"这位太太似乎很后悔买下该产品。为避免发生这种情形,听者与说者之间应保持适当距离。

尤其是顾客更须冷静,竖起耳朵,仔细听推销员说些什么,而避开不谈什么。推销员当然是强调优点为主,消费者本身须听清楚,便于判断真正想了解的。

比方说,该产品的使用价值、性能等,当然还要考虑是否真正需要。一切都确定后才能买下，如此才不至于买到没用的东西而懊恼。

不仅对待推销员如此，与一般人应对也必须掌握这个原则。因为有些人说话常拐弯抹角，而不直接表达，使得听者需连蒙带猜才能明白。举个简单的例子，原本直接说明真相可能会遭受指责，但以其他言辞代替情况可能有所转变。

推敲说者真正的意思，也是学习听话技巧的课题之一。只要集中精力听人说话，自然能听出内容以外的意思，也能认清对方的真面目。

不久前，某著名百货公司因经营不善而宣告破产。据了解，该公司的董事长作风独裁，由于是白手起家，对别人要求也特别严格，尤其是对待属下。长此以往，属下为避免董事长的责备，经常隐瞒事实，只报告董事长所喜欢的。

像这种情形，最常见于老板独裁的公司。属下为讨老板欢心，通常只上呈有利于自己的报告，等到老板发现时，公司或许已濒临危机。这当然与老板的听法有关，无法区别报告中的"真实性"与"主观性"。

1. 注意真实性

人们在发言时难免会掺杂主观成分，所以听者须注意其中的真实性。例如向上司做报告，任何人都想获得好评，往往会在事实外，加上自己的观点。

又如汽车公司推销员，预先报告销售成绩是常有的事，这是因为想博取上司的赞赏或向同事炫耀。

基于这种心理，听者听人说话时，应从对方谈话中，确定是否可靠。倘若无法区分真伪，不妨要求对方提供证据，这样就能辨明真伪。

2. 不可先入为主

此外，听人说话前不可抱着先入为主的观念。上司听属下报告时，时常会发生这样的情形："这家伙的话不能相信，我要特别当心。"如果采取这种态度对待属下，结果往往会犯下严重的错误。

关于这点，再以刑警和新闻记者为例。按常理，他们须到现场勘察，再对整个事件做分析整理。不过，如果事前已听到属下或同事谈起，再到现场时，不免就会先入为主，误认事实的真相。

连这些受过专门训练的人都可能会犯这种毛病，何况是一般未接受专门训练的人，误认事实的可能性当然更高。

据此，判断说者的话或报告书之前，必须先区分哪些是事实，哪些是主观臆想，同时须一面听一面整理，才能掌握正确内容。

交谈时如何记录重点

在重要的谈话中，一般人都想记下整个内容。然而这方法并不理想。举例来说，谈话内容总共有十个重点，从第一个重点开始，就拼命记在脑海中，结果疏忽了后面的重点。即使是记住了第二个重点，也未必跟得上第三、四、五个重点，因为一般人的短期记忆能力有限。有时第一、二个重点勉强记下，但到第十个重点时，前两个已忘光。可见专心听讲的重要。

倘若从头到尾都是如此听讲，到谈话结束时，往往抓不住重点，脑子里一片混乱。与人交谈太过信任自己的记忆，可说是危险至极。

法庭上都设有速记官与书记官。前者主要负责记录详细的审判过程，所以都使用特殊的记号记录，以免遗漏。而后者则记录重点，记下审判的概要。

其他如新闻记者，同样是采用这种方法，记录采访重点，否则往往会漏失重要的内容。

某报社记者刚出道时,经常抱怨:"原以为我的记录相当完整,但在编辑稿件时才发现,漏记了最重要的部分。"现在他已成为一名优秀的记者,颇受上级的赞赏。

除了记者以外,一般人交谈机会也很多,如朋友、爱人、孩子、上司和属下等,均是很好的对象。不妨利用谈话,训练自己能在瞬间抓住重点的能力。

至于记录,也要把握住重点。应避免埋头苦干,否则会打断对方谈话,引起对方不愉快。此外,在记录前需征求对方同意,事后则须向对方叙述记录重点,甚至将记录让对方过目。如此才能撤除对方戒心,建立彼此之间的信任关系。

记录固然重要,却切忌失礼于对方。要是一味埋头记录,可能会留给对方恶劣的印象。所以应以堂皇的态度表现诚意。在记录中,难免会带给对方心理压力,需趁早训练记录能力,便能一面做应答,一面引导谈话,成为成功的听者。

倾听男人的梦想是一种礼貌

有人说"男人好比是大孩子",这句话颇有道理。的确,一般男性都会有出人意料的天真与梦想。

王先生是某公司的总经理,素以要求严格而著名,因此属下一致封他为"魔鬼经理"。每当他喝得酩酊大醉时,就会说:"我一定要存钱,然后到澳洲买下农场,在大自然中生活。"原来,到澳洲是他幼年时拥有的梦想,而这梦想埋藏在心底已久。只要谈到它,他的表情就熠熠发光,与平日指挥工作的样子截然不同,仿佛少年一般天真可爱。

有一次,他和以前一样在谈梦想时,来了一位醉客打断话题:"澳洲,澳洲有……有什么了不起的……"这时他的脸色大变,露出可怕的眼神,结果两个人发生了冲突。对他来说,他绝无法原谅嘲笑自己梦想的人。

男人的梦想神圣不可侵犯,没有任何东西能替代。平时忙于工作,而这梦想有如强心剂,可为生活带来无比的希望,鼓励自己勇往直前。

时下的小孩子似乎都不会有这类梦想。询问他们将来的梦想如何时，大都重于现实，如考上理想的学校或进入一流公司等，不比以前的孩子会把"当太空人"或"当一流的足球国脚"作为梦想。这种情形或许与目前的升学潮有关，即使拥有再美的梦想，也被父母一句"别说傻话，还是用功读书要紧"打入冷宫。

现在，我们回头看看上班族的世界。想必许多公司负责人都有一套经营计划，尽管这计划距离现实很远，很难实现，但却是他心目中的梦想，也可说是无价之宝。然而，听者可能会感到荒唐无稽而不用心听。

其实，碰到这种情形时，不妨保持愉快的心情，一字一句耐心听完，应避免表现出不耐烦的态度，毕竟这也是为人须具备的礼貌之一。

别人炫耀时不可插嘴

喜欢炫耀是一般人的心理。然而,炫耀之心被人看穿后,就想尽办法保护自己的良好形象。因此,即使想大声炫耀,也会谦虚一番才开始谈论。

如果能利用这种心理,让对方开心地谈,对自己也有好处。例如在洽谈生意时,不妨让对方畅谈自己的癖好,而你则拼命点头称是,表现出敬佩的样子,在对方获得心满意足后,自然可促成交易成功。

在工作上普遍受人欢迎的人,多是能了解听人炫耀的技巧。老王是某公司的职员,他就是因此而人缘极佳。例如,星期一上班时,他看到上司晒黑了,便自然地比画出握网球拍的动作,两个人的话匣子就此打开。刚开始时,上司可能会不好意思而客气地说:"其实我昨天收获不错。"但很快就进入状态,不时会露出得意的表情。如果上司是个钓鱼迷,不妨说"现在钓鱼不简单吧"或"一天能钓上一条草鱼就不错啦"等，如此纵然对方成绩不理想也不会难为情。因为这无疑是暗示对方，现在天气不佳，你能钓上一条，可称得上是高手了。

由于他是如此善解人意，大多数同事都乐于找他谈话，他不但不厌烦，还会给予精神上的支持，难怪会受欢迎。他就是以"听话"增加与人的亲密感。

接着，谈谈他的听话技巧，与人交谈时，他完全扮演听众的角色，从不炫耀自己。比方谈到钓鱼，听者同样善于此道时，仍需耐心听完，如果从中插嘴，自吹自擂一番，将使对方因泄气而没兴趣再说，甚至会嘀咕"这家伙不可等闲视之"或"年纪轻轻的就这样神气"而引起反感。

像这样的谈话态度，断然不能与人和睦相处。

基于这点，在谈论对方擅长的话题时，听者应暂时保持沉默，安静地听完，而不宜中途插嘴，摆出强者的姿态，这样或许一时能感到得意，却可能会损失无价之宝——友谊。

留一只耳朵听听自己

理想的交谈是,既了解对方的内容,也可正确传达自己的意思。唯有如此,沟通才算成功。然而,在谈话结束时,可能会发生已大致明白对方所言,却忘记自己说些什么的情形。而这情形要是在聊天时,可不必介意,但如果在谈生意,恐怕将损失不少。

像这样的失败,以新进职员居多,这大概是由于过分紧张,而被对方的话吞没。明明很仔细听讲,也适当地提出问题,但交谈完毕后,竟然发现自己的谈话内容模糊不清。

说起来,这种谈话称不上是圆满。真正圆满的谈话,不仅需要用心听对方说话,还要以一只耳朵听自己的发言内容。

美国有位专门研究语言问题的学者曾表示:"与人交谈时,需先评判自己所说的话,同时需准备另一个自己的头脑。"意思是,在谈话时,自己的脑中另有一个自己,也就是设定另一个自己,然后对这个自己说话。不管怎样,除了需要倾听对方说话外,也须仔细听自己发言,并牢记在心。

有一位讲师,为使演讲内容充实,通常都会设定三种听讲对象:自己、另一个自己、听众。

而演讲主题则围绕在这三种听众身上,结果演讲大都能圆满成功。

有位建筑设计师,他与顾客洽谈时,也都会设定类似的三种情况。

建筑房子当然是按照设计图施工,但外行人根本不了解设计图,所以他就以具体的方式对顾客说明,如"外观是明朗的欧式""客厅向南、地板是木质"或"厨柜采用高密度板"等。如此说明不仅对方容易理解,也具有说服力。

这么说来,与人交谈时,必须以一只耳朵听对方说话,以另一只耳朵听自己发言,否则很难正确与对方沟通。

别太在意"我只对你说"

不久以前,一位朋友经不起推销员的游说,终于买下不需要的东西。据她描述,当时推销员是这样的。

那位推销员才介绍完产品的优点,就向看着产品目录而犹豫不决的她说:"干脆这样吧,我再减一成卖给你,但我只对你特别优待,你可不能告诉别人哦。"朋友听完这番话,以为并不吃亏,就高高兴兴地买下。但过了几天,她的女友谈起这事,才发现她们从同一位推销员身上,买下相同的公司、相同价钱的相同产品。后来打听附近的人才知晓,原来大家都用同样的方法买下同样的东西。也就是推销员略施小计,蒙骗顾客购买昂贵的东西。

的确,类似"我只告诉你一人"的话太多。而明知与事实不符,却会对说话的人产生奇妙的亲近感,人的心理真是不可思议。

听了甜言蜜语,人的判断水准往往会降低。平时对人总是提高警觉,一旦碰上能说会道的人,不免会撤除心中的藩篱。虽然欺诈案件时有所闻,但被害者却总是不断出现,而利用优越感刺激消费者购买欲的方法,也绝不会消失。

打开信箱,经常可见印着类似"你是被选上的幸运者"的宣传品。其实,这类宣传品都是大量印刷且大量散发,那种宣传文字,不过是利用消费者的优越感。除非你们是知心好友,否则不会如此待你,那只是保护自己的手段罢了。

当然,不需强烈拒绝透露消息的人,避免伤害彼此之间的感情。何况有人没恶意,只是习惯如此说,因此不妨当作耳边风,不需太介意。

不要不懂装懂

别人向你发问你也不懂的问题，回答"不知道"，的确会感到没面子。同理，人人都知晓的事实也同样很难开口，这都是因为害怕被别人轻视，嘲笑自己"啊！连这么简单的事也不会"。

至于在工作方面，也会产生这种心理。例如召开会议时，总经理表示"有任何问题都可提出"，但出席会议的人都不吭声，谁也不提问题。一旦会议结束，赶紧请教邻座的同事："喂，小李，刚才总经理说的是什么意思？"结果对方却耸耸肩回答："其实我也不知道。"像这样的例子不在少数。这当然与一般人害怕一时的羞耻心理有关，所以才会不懂装懂。

不懂装懂的人很难进步。坦白承认不懂，并虚心求教才是明智之举。

我有一位朋友，就是因为虚心求教而获得生意上的成功。他从中学毕业后，到从事目前的工作前，换过数种职业。

而他向来坚持虚心求教的工作态度,绝不隐瞒自己。

比如,有顾客使用法律上的专有名词时,他会表明"这我不懂,但我会查明",毫不隐瞒本身的学历与知识的短浅。长此以往,他的坦诚受人肯定,生意上往来的客户都对他刮目相看,从不怀疑他的商业信用。

当然,知识丰富强过知识贫乏,但不懂装懂却最糟糕,如此不如虚心求教,听听别人的见解。

第二章
情商高的人说话有道

为了更好地与他人沟通,更好地立足于当今社会,我们需要与周围的人聊得来。跟领导聊得来,让我们在工作当中更加顺利;跟客户聊得来,让我们在业绩上更胜一等;跟亲人聊得来,让我们的家庭更加和睦。

运用字眼的 4 个原则

说话是将字、词组合成一定意义的句子,通过声音传递给对方,但是"话"的实体还是字眼本身,下面将论述运用字眼的几个原则。

1. 越简洁越好

有些人叙述一件事情,为了卖弄才华,极力地修饰他们的语句,用重复的形容词,或学西方语言独有的倒装句法,或穿插些歇后语、俏皮话,甚至引用经典、名人语录,使别人往往摸不清他们在说些什么。

费了很大的神,却使人抓不住你话中要表达的重点,纵使言辞再瑰丽也不足取。

有些人在说话时,东拉西扯,缺少组织和系统,也使人有不知所云的感觉。如果你犯了这些毛病,只要在说话时记住要说得简洁扼要就行了。在话未说出口时,先打好一个腹稿,然后再按照顺序一一说出来。

幽默大师林语堂曾戏称:演讲要像女人的裙子,越短越好。不仅演讲如此,说话也是一样,简洁的话语常能让人有意犹未尽、余音绕梁之感。冗长的话语,不但无趣,还会让人觉得像懒婆娘的裹脚布,又臭又长,啰啰唆唆,使听者昏昏欲睡。

2. 问句不要重叠使用

答应别人一件事,说一个或最多两个"好"字已经够了,但有些人却说"好好好好"。其实用重叠句子的时候,除非是在特意引人注意,或加强力量时才用得着。

3. 同样的名词不可用得太多

有一个人解释月球上不可能有生物存在这个问题时,在几分钟内,把"从科学的观点来说"一句运用了二三十次,无论什么新奇可喜的话语,多用便会失去它动人的价值。王尔德说:"第一次用花来比喻女人是最聪明的人,第二次再用的人便是愚蠢了。"我们虽不必拘泥于每说一事,就要创造一个新名词,但把一个名词在同一时期重复使用,是会使人厌倦的。

此外,同一个形容词不可同时用来形容不同的对象,比如有一位幼儿园教师讲故事,说到公主,她说:"这公主是很美丽的。"说到太阳,她也说:"这太阳是很美丽的。"说到水池、小羊、绿草及远山等,也都用"美丽的"三个字来形容。她为什么不用"可爱的""柔嫩的""光亮的"等来调整一下呢?这不是可以增加听者的兴趣吗?

4. 培养自己的语言风格

言如其人,我们每个人说话的方式与风格如同我们的行为一样,都具有明显的个性。你的言谈将成为你个性的一个方面。

在前面,我们已经谈到了许多如何正确表达、如何遵守一定的交流规则,但每一规则之外都有一些特例。这里的特例是指恰当使用一些地方性的表达习惯。如果你能恰当而自然地运用它们,既可以提高你的言辞智商,也可以提高你的语言风格。

听听你自己的声音

当你与别人进行沟通的时候,是否曾经留心过自己的声音呢?

你的声音怎样——这是一个必须注意的问题。但这并非是苛求你的声音要如同电台播音员那样美妙动听。

嗓音的高低、清浊,人人不同,这与人的身体有关系。身体强健的人,多半会有清脆嘹亮的声音。不过嗓子是次要的问题,并不是决定你说话清楚与否的关键。

1. 说话的速度

我们常见许多人说话很快。有的快而清楚,有的快而不清楚,听了以后也不知所云。由于说话太快致使咬字不清,固不足道,即使是快而清楚,也不足为法。你虽有说话很快的本领,但听者不一定有听得快的本事。说话的目的在于使人全部都了解,否则就是废话。训练你自己,说话时声音要清楚，快慢合宜。说一句，人家就听懂一句，不必再问你。你要明白，陌生的人或地位比你低的人是不大敢一再请你重说一遍的。

2. 说话的分贝

在火车里、在嘈杂的公共场所或者在别人放爆竹的时候，提高声音说话是不得已的，但绝不适合于平时。试想在一个柔和的黄昏，或在舒适的室内，高声说话是如何粗俗与煞风景啊！在客厅里，过高的声音会使主人厌恶，要是在公共场合，更会令你的同伴感到难堪。除非对方重听，否则，你说话时要记住，对方不是聋人。

诚然，说话时绝对不可太快或太大声，而是要懂得怎样调节。

抑扬顿挫，这是调节你声音大小强弱的做法。在乐曲里，不是有极快、快、略快、慢、略慢和最慢等的快慢符号吗？不是也有极强、强、渐弱等的强弱符号吗？如果你想使自己所说的话也像音乐一般动听，不可忘记在应快时要快，应高时要高，应慢时要慢，应低沉时低沉。流水般毫无抑扬顿挫节奏的说话方法，是最易使听者疲倦的。

这是使你的说话充满感情的方法。常常留心电视上那些演技精湛的演员，他们说话的神态是你最好的榜样。你必须细细揣摩，这对你叙述一件事情的经过，或发表较详细的意见时是很有用的。

3. 学习接"119"的语气

据了解，人的说话速度与年龄成反比。年轻人说话速度快，而年纪越大说话越慢。几年前，某报曾发表过一位女明星的文章，文中写道：看自己以前的电影，真叫我觉得吃惊。

原来，她发现过去电影中的对白速度惊人。的确，年龄不但表现在脸上或身体上，也会反映于语调上。我们不妨将自己现在与年轻时代相比，现在的说话速度慢多了。

年轻人不但说话快，口齿也清晰，随着年龄增长，这种能力也退化。听者应尽量配合对方年纪与谈话速度，才能与对方轻松自在地谈话。此外，还需考虑对方声音大小。

简单地说，面对嗓门大的人，你不妨提高声调，而碰到声音细小的人，你当然得轻声细语了。能确实做到这点，即可称得上是听话技巧高明。一位著名广播节目主持人曾说："听话的态度很简单，就是冷静观察对方，与对方站在同一条线上，给予对方温馨感。"由此可见，配合对方声音大小，调整自己的音量，足以表示自己的关怀之心。

接着，我们来谈谈听的方法。当对方说话激动兴奋时，自己则缓和语气，能帮助对方平静。

曾经拨过119电话的人大概都知道,接这电话的人往往以缓慢的口吻回话,足以使打电话的人急死,这当然是经过严格训练的结果。因为一般打电话报警的人,都显得比较慌张,说话自然会不得要领。然而随着接电话者的语气缓慢,便能逐渐恢复平静,正确说明情况。

在一般谈话中,我们不妨学习接119电话的人的应对方法。对方说话速度快,听不十分清楚,可慢条斯理地要求对方重复,那么,对方的口吻、动作都能在不知不觉中配合了听者的节拍。

尝试打开对方的话匣

问话，是打开对方话匣的最好方法。

比如说，对方是医生，而你对于医学完全是门外汉，你就可以用"问"的方法来打开局面。

"近来脑炎好像又开始流行，你们大概又忙于替人打预防针了吧？"一句和时令或新闻有关的问题，同时又贴近对方的工作，是最得体的问题，这样一来，对方的口便开了。你可顺势谈下去，从脑炎谈到环境卫生、谈到 DDT、谈到免疫、谈到成药……只要他不厌烦，你可以一直引他谈下去。

碰到房地产经纪人，你可以问他近来地价的起落；碰到电器业的人，则可请教他国产电器和日本电器的比较；碰到教师则问他学校的情形。总之，问话是一个打开对方话匣的最好方法。

1. 问话要注意什么

对于问话，必须注意的是：问对方所知道的，问对方最内行的。如果你不确知对方能否回答，那么还是以不问为好。例如问一个医生"去年本省患甲肝的病人有多少"，这是不容易回答的。要是对方的答语是"不大清楚"，不仅使答者有伤体面，而且双方都感到没趣，这并非说话的艺术。

其次，对宗教及政治的观点，除非你的对手是一个专家或权威人物，因为普通人对宗教与政治的看法，各有各的立场和见解，他也不知道你有什么用意，也不知道你有无成见，聪明的人大抵不会开诚布公地答复这种问题，所以不问为好。

有些问题，你得不到圆满的答复时，是可以再继续问下去，但有些问题问过以后就不宜再问。比方说，你问对方住在哪里。如果他说"在朝阳区"或者说"在海淀区"，那么你就不宜再问在某街某号。如果他高兴让你知道的，他一定会主动详细说出，而且最后还会补上请你光临的客气话。举一反三，其他诸如此类的问题也是一样，适可而止，以免误事。

此外，在日常交际中还要注意：不可问别人东西的价钱、不可问女士的年龄、不可问别人的收入多少、不可详问别人的家庭情况、不可问别人用钱的方法、不可问别人工作上的秘密如化学用品的制造方法等。

凡对方不知道或不愿让别人知道的事情都应避免发问。问话的目的是引起两方的兴趣，不是使任何一方没趣。要是能使答者感兴趣，同时也能增加你的见识，那便是问话的最高境界。

有一位西方的学者说："倘若我们不能在任何一个见面的人那里学到一点东西，那就是我们沟通的失败。"这话非常发人深省，因为虚怀若谷的人，往往是受人欢迎的。记着，问话不仅打开了谈话局面，而且可以从对方的话里学会许多你不知道的学问。

2. 发问的技巧

下面来谈谈发问的技巧：

问话是表示虚心，表示谦逊，同时也是表示尊重对方的意思。"帮我把信寄了"就远不如说"能不能帮忙寄信"使人听了觉得舒服些。

同样，对某件事情不明白，就不妨请教别人，自作聪明是最吃亏的。一个坦白的求教于人的问话，最能博取别人的欢心。

可是怎样问呢？这问题也值得研究。问话的方法有很多种，收效各有高低。高明的问法使人心中喜悦，而愚蠢的问话则会引起对方的反感。

问一个女子:"你喜欢男人吗?"这真是一个蠢到无以复加的问题。

"这蛋糕新鲜吗?"你是不是也曾经向食品店的店员问过这样的话,而且也问过很多次。其实,这也是最蠢的问话之一,等于问你的爱人"你没有欺骗我吗"一样可笑。这种问话,不但得不到真实的回答,还会使对方心里觉得好笑。

你跑到海鲜酒楼里,点菜时问服务员:"今天的龙虾好不好?"这等于白说,因为他一定会说好,除非你是一个熟客。倘若你另用一种方法:"今天有什么好的海鲜?"那么效果就会完全不同,你就可以吃到真正好吃的海鲜了。

为什么说话的效果会不同呢?我们试做心理上的分析,以此作为其他问话的参考。"今天的龙虾好不好"和"今天有什么好的海鲜"两种问法,引起心理上的反应是完全不同的。前者你所问的不过是一种东西,只有好或不好两个答案。为顾全饭店招牌,他不能说"不好",而且一样东西好不好的标准是很难说的。标准既不易定,则他觉得说了个"好"字并不能说是欺骗你,即使今天的龙虾并不是很好。其次,你问的只是龙虾,似乎心中除了龙虾别的不爱吃,那么为了讨好你,他更觉得对你说"好"是他的责任。这情形发生的结果,吃亏的只有你,他不过说说,吃下去真的好不好,他并无多大的责任，如上面所说，好坏没一定标准。

至于第二种问题便不同了。第一，你开始便问"今天有什么好吃的海鲜"，表示胸无成见，不管什么海鲜，只要好便行。第二，这表示你自己谦虚且不自作聪明而请教于他。第三，这问话的定义很广泛，不是"今天的海鲜好不好"，却是"今天有什么好的海鲜"。答者甚至可以说："今天没有什么好的海鲜，但今天的红烧鸡又肥又嫩，值得一试。"所以他回答的范围是可以很广的。

说到那被问者呢？第一，他见你首先请教于他，他的自尊心得到满足，心中非常愉悦。其次"海鲜"的范围很广，他只要把各种海鲜比较一下，把当天最好的介绍给你便行，这个问题较容易回答。第三，你既然全部请教他，他不敢不负责，自然会把最好的介绍给你。

由此看来，问话看似简单的小事是值得研究的。美国有些冰果店因为一些客人喜欢在喝可可时放个鸡蛋，所以服务员在客人要可可时必问一句"要不要鸡蛋"。某心理学家应邀到一家冰果店里去研究如何提高业绩时，关于问鸡蛋一事，他就说不应问"要不要加鸡蛋"，而要问"要一个还是两个鸡蛋"，这样一来，多做一个鸡蛋的生意是绝对有把握的。

问话时最重要的是语气要温和，态度要谦恭。有些问话不可自己先存有成见，与其问"你很讨厌他吗"或"你很喜欢他吗"，不如问"你对他的印象怎样"。比如对一个40岁的女人问"你今年总有30岁了吧"，比问"你今年芳龄几许"要好得多。

问话的奥妙，千变万化。这里我们只略举几个例子，其余还待你自己去揣摩，因人、因地、因事而灵活运用。

称赞和感谢要真诚

卡耐基说：给人一个美名，就像用"灰姑娘"故事的仙棒点在他身上，会使他从头到脚焕然一新。

称赞虽然不需花费一分钱，但给被称赞者带来的喜悦却是难以估量的。一副冷漠的面孔和一张缺乏热情的嘴是最使人失望的。

1. 用欣赏的态度去称赞

如何称赞呢？首先强调的是热诚的态度。一两句敷衍的话，立刻会被人发觉你的虚伪。所以每当你称赞别人的时候，不可仅从大处着眼，要从小处发挥，因为，缺乏热诚的人是不会注意到小细节的。

"你的文章写得好极了。"这是不够的，有点敷衍的味道。倘若你加上一句："能够使年轻人读后更加奋发向上。"那么效果就完全不同了。同样，"你的衣服美丽得很。"也是不够的，为博得对方更大的欢心，你必须再说出这衣服怎样美丽，如进一步说颜色很好看，图案美妙，或式样大方等。

聪明而热诚的人若说一句赞美话，他必定善于把自己由衷的欣赏情绪表露出来。"你的琴弹得太动人了，让我想起了我的家乡，那黄昏牧归时微风吹扫落叶时的情景。"要是你听见这样的一句话，你一定会非常感动。诚然，这样的话也许你觉得不容易说出口，这需要想象力，更需要热情。但如果你能说出口，必给对方留下极深的美好印象。并且，只要对一件事有充分的诚意去欣赏，则这样的一句赞美话是任何人都会说出来的。

人是喜欢被称赞的，无论6岁的孩子或60岁的老人家都是一样。尤其喜欢将自己和别人比较，要比别人好一点。所以，有比较性的赞美话也是我们经常说的，说法也要讲究技巧才行。比方说：甲和乙两个人以不同的价钱买了同样的一件皮衣，而乙所买的价钱却比甲的便宜许多，因此，乙一定会比较得意。当着乙的面提起这两件皮衣，如果你说："甲是吃亏的，他付出的价钱比你贵得多。"那么就不如说："你买的便宜多了。"为什么呢？因为前者不过是表示出甲的愚蠢，不如后者对乙的精明表示赞美更使他喜悦。所以，下一次请你称赞一个人时，要说"你比某某做得好"，而不要说"某某比你做得坏"。

2. 用欣赏的态度去感谢

现在再来讨论感谢方面应该如何运用欣赏的态度。

比如说，有人送你一只花瓶，那么道谢是必然的，但道谢之外还加以对该礼物的赞美，则赠者心里肯定会很高兴。"这花瓶的样式真好。摆在我的客厅里再适合不过了，太谢谢你了！"在感谢中隐含对对方的选择的欣赏，使对方得到极大的满足，说不定下次还有另外一件东西送给你呢！

"太巧了，这盘 CD 我很久前就想买了，想不到你却送给我。"如果真是你渴望许久的东西，你应该立刻告诉那位赠者。

"这副球拍再适合我不过了，在周末的比赛中我一定用它来创造好成绩！"这是一个很好的赞美方法。

"我从来不曾有过这样精致的钓鱼竿！"把最大的尊荣给予赠者，他一定会感到很满意。

感谢和称赞有密切的关系。"你这回帮助我，我非常感谢。"这是感谢，但如果再接上"要不是靠你的力量和智慧，一定不能有如此圆满的结果"的赞语，就更完美了。

有些人接受了别人的帮忙，因为未能十全十美，就表示埋怨，或接受别人的礼物还说些吹毛求疵的批评话语，那不仅是不懂得说话的艺术，而且是太不近人情了。

赞美是最好的鼓励

"你的字写得真好!"你这样对他说,下次他一定会写得更好。这个方法同样可用于对待你的部属,你的家人。

以赞美来鼓励,提高他的自尊,他一定会再接再厉。这就是说要他自己督促自己,比起你命令他、督促他要好得多。

有些人从来不懂得这种妙处,他认为要一个人做好,只有鞭策他,或者不停地督促他就可以达到目的。他不明白人的本性本来就是喜欢独往独来,高兴于自己主动地做一切事情,而不高兴被动地做事。你如果在一旁督促他,他反倒觉得是侮辱,因为他不高兴受支配。

所以当你想鼓励身旁的人时,不可老是站在长者的角度来严肃地教训他。留心他的工作,找到一点点值得赞美之处,就马上给予适当的鼓励,那么你一定会得到最美满的收获。

许多做经理的人永远不会对他的员工说一句赞美的话,他整天只是不断地板起面孔来督促他们,以致公司里面显得暮气沉沉。因为大家满肚子都是闷气,他们从来听不到一句使他们高兴的话,只要做错了一件事情就挨骂,这样的一个公司,绝不会有长足的发展。

据说有甲乙两个猎人,各自只猎得两只野兔回家。甲的老婆看见冷冷地说:"只打到了两只吗?"甲猎人听了心里埋怨道:"你以为很容易打到吗?"第二天,他故意两手空空回家,让老婆知道打猎是很不容易的。

乙猎人所遇到的则恰好相反。他的老婆看见他带回来了两只野兔,就兴高采烈地说:"你竟打了两只?"乙听了心中大喜,扬扬自得地答道:"两只算什么!"第二天,他带回家四只野兔。

这个故事也许是虚构的,但却说明了一个道理:如果要改变别人,就要引起他的高贵动机(卡耐基语)。

安慰是一朵温馨的花

人们大多热衷于锦上添花而忽视雪中送炭。事实上,当别人顺风顺水时,是不大需要也不大看重"锦上添花"的,而当别人在挫折与痛苦当中时,你的"一小块木炭"也能让他感到温暖并且铭记终生。

给处在逆境中的人送去安慰吧。安慰如雪中送炭,能给不幸者带去温暖、光明和力量。我们对这个世界充满了希望,充满了温情,就是因为有安慰。在我们遭遇挫折或不幸时,得到别人给我们的安慰,我们才能忘记痛苦,不断努力奋斗。

1. 怎样去安慰别人

我们时常得到别人的安慰。同样,安慰别人是我们应尽的义务,可是怎样安慰呢?

一位朋友生病了,你到医院或他家里去看他。你也许会说:"安心休养一阵子吧,你一定会康复的。"你大概以为这是最安慰人的话。但按照语言沟通的艺术来看,这句话不过是一种善意的祝福,却不能算是安慰。

那么应该说些什么呢?

如果你的朋友是一位残疾者不能走路,那么你去探问并不一定要说安慰话,因为那些话他听得太多了。病床上的生活是最枯燥的,说一些外面有趣的新闻,一些幽默的话题,让他从你的探问中得到一点快乐,这就是给他最大的安慰。

绝不要啰唆地直接问病人有关他的病情和治疗方法,他也许已经对别人说过100次了,为什么你还要麻烦他呢?关于这些事情,还是问他的家人吧,不要以为直接问病人是表示你的关心,其实这是骚扰他的另一种方式。

假如你一定要说几句安慰的话,那么第一不要装成怜悯他的样子,没有几个人会接受别人的怜悯,因为你越怜悯他,越使他觉得自己的疾病是一种痛苦。所以我们要用相反的方法。记得我有一次生病,卧在床上不能起来,一个朋友来看我,他一见面就说了这样的话:"你多么好啊,我也想生点小病,好让我也能安静地躺在床上休息几天。"听了这些话,我想起每天忙碌而繁重的工作,不自觉中就为自己因病能暂时摆脱一切而暗自庆幸起来。我的朋友几句话便使我觉得生病是幸福的。

另外有一次,这朋友和我一道去看一个伤寒病者,临走的时候,他对病人说:"你的危险期已过。好了之后你永远不会害伤寒,此后你比我们多一重保障了。"我相信这话一定会深深地进入病人的心里。

安慰一个死者的家属,最好的方法还是不要提及死者,让他忘记那些无可挽回的不幸是最妥善的安慰,何必为要表示你的惋惜而重新撩起别人的悲哀呢!

但有些人却在深深的悲痛中似乎不愿,也不能忘记那不幸的事。那么富兰克林的几句话可供参考:"我们的友人和我们像被邀请到一个无限期的欢乐筵席里。因为他较早入席,所以他就比我们先行离席。我们是不会如此凑巧地同时离席的。但当我们知道我们迟早也要跟他一样离开这筵席,并且还一定会知道将在何处可以找到他时,我们为什么还要对于他先走一步而感到悲哀呢?"

生死似乎是一个谜。要是能把谜拆穿了,让对方能够"悟"出来,使对方解脱苦恼,这就是安慰的目的。

在日常的生活里,需要安慰别人的机会很多。一个朋友受不了压力哭起来,你不要立刻过去劝他不要哭,这不能解决他的痛苦。让他好好地大哭一场,让他的苦恼找到了宣泄的出路之后,你几句勉励的话胜于千百句劝他不要哭的话。

2. 安慰是同情和鼓励

对别人的不幸表示同情,也是给别人以安慰。"这算得了什么呢？何必为这苦恼呢？"如果你仅能说这两句，而不能进一步解释为什么这算不了什么，那么你还是不说为好。他觉得这个问题使他很苦恼，你不仅没有给他安慰，反而使他不高兴。他心里一定会说："你懂什么！你只会说风凉话，难道我是为了不值得的事情自寻烦恼吗？"

所以安慰的必要条件还是同情。"我明白你的痛苦，不过在人生的过程中，偶然的苦恼是难免的，我们不能希望四时皆春，大自然的规律注定了我们的生活必须有严冬。今天虽然下雨，明天阳光依旧会照临大地。"这样的话，不是比说他为小事烦恼更为得体吗？但是最巧妙的安慰方法还是在安慰中寓鼓励的意思。有一位作家向一位朋友诉苦，说他干了 10 年的笔墨生涯，至今还无力去购买一张宽大的书桌，使自己能舒适地工作。他的朋友听了，却平静地说了句比一般的同情更为深挚的话，他说："世界上的伟大杰作皆是从小书桌产生的。"

这寥寥几个字，使这位作家立刻觉得无限的宽慰，朋友的话使他不因书桌狭小而沮丧，相反，又重新找回了自己的自尊心，使他看到未来的光明。

夫妻冷战怎么破局

许多浪漫的婚姻梦想破灭了,其中50%以上是两个人之间"毫无用处、却令人心碎的批评"造成的。

俗话说:勺子没有不碰锅边的。恩爱夫妻也一样,两个人共处的时间长了,难免会遇到不快的事,夫妻间总有吵架的时候。如果你不想伤害对方的自尊心,你就必须学会说"很抱歉""对不起""原谅我吧"一类礼貌用语。

在日常生活中,我们有时会遇到这样的情形:一些夫妇动辄发怒,事后又不分析原因,不设法解决。对此,许多夫妇颇有微词,并称之为婚姻里的"慢性自杀"。而他们则认为,一味的忍耐,不发生任何口角和冲突,夫妻关系就会好。这样表面看似乎平静了,实则已走向了另一个极端。回头看看他们的二人世界,关系的确"好",但他们之间却没有温暖和体贴,不会经常有爱情的火花迸发。因为他们忽略了这样一个事实,所有的家庭都会存在着一定程度的矛盾，你的配偶也许不会每时每刻都对你充满柔情蜜意，但彼此希望满足某些要求是合理的——只要这些要求不苛刻就行。

夫妻吵架无输赢之分，谁是谁非不可能明明白白。有时只不过是做某一个"选择"，而这个"选择"往往来自一方的让步。

懂得了吵架的艺术，夫妻就能虽吵犹亲，爱情的纽带也将越来越紧。怎样才能做到这一点呢？

1. 允许对方偶尔生气

如果你认识到彼此间爱慕的一对夫妇，也不免会有嫉妒、烦恼和生气等事情发生的话，那么当这些情绪来临时，你就不会惊慌失措，因为这并不意味着他或她已经"没有感情"了。也许你的爱人是因为上司对其责怪的缘故而情绪低落，没有向你表示缠绵之情，但即使这暂时的不快不是你的过错，你也应该问："亲爱的，我做了什么事惹你生气了吗？"如果回答是否定的，你可以再问："那么，我能为你分忧吗？"如果对方不需要，你就不必打扰。要知道，这些问候是你给予爱人的最好的安慰。

2. 努力理解对方的观点

我们时常可以看到，夫妻之间一旦产生了意见分歧，双方都只顾强调自己的道理，而不注意听取对方的道理，这是使矛盾激化的常见原因。这时，你应冷静下来，思考对方的意见，若发现对方的观点正确，你就应放弃你个人的意见，"在真理面前人人平等"，这样，矛盾自然不会激化。

3. 心平气和地阐述个人的意见

耐心听取对方意见后，如果仍然认为有必要把自己的观点讲清楚，以说服对方，则阐述时一定要心平气和，尽量放慢语速、和缓语调，把自己的道理讲清楚，即"晓之以理，动之以情"。不可把自己的观点强加给对方，否则对方会产生反感，听不进你的意见。

4. 以冷对热

以冷对热的关键，就是你吵我不怒。在一方情绪激动、控制不住自己的时候，任他发火，任他暴跳如雷，不去理睬他。"一个巴掌拍不响。"一个人吵，就吵不起来，等他情绪平和以后，再和他慢慢说理，他就容易接受。

5. 说话要有分寸

即使忍不住争吵，说话也要有分寸，不能说绝情话，不能讥笑对方的某些缺陷，或揭对方的"伤疤"。更不能在一时气愤之下，破口大骂，不计后果。比如有的人吵架时不留余地，说出"你是不是问得太多了""我要你怎么干就怎么干""你受不了可以滚"等，这类话咄咄逼人，很容易引发更大的冲突。

6. 直接表达自己的期望

如果一方想表达自己某种强烈愿望，最好直说"我想……"。比如妻子责怪丈夫好久未带自己上餐馆，她就不妨直说："我想今晚到外面吃饭。"而不要说："你看老板每周至少带妻子上一次饭店，而你呢？"

7. 就事论事

为了哪件事吵，谈清这件事就行了，不要"翻旧账"，上纲上线，也不要无限扩大，将陈芝麻烂谷子一股脑翻出来，把一场架吵成几场架，搅成一锅粥，这是极不明智的做法。

8. 不要以辱骂代替说理，更不能动用武力

夫妻之间之所以发生争吵，主要是因为一方的观点没能说服对方。因此，要想使争吵得到解决，唯一的办法是都冷静下来通过充分说理，使双方的观点达成一致。如果一方只求个人的一时痛快，采取简单、粗暴的办法，甚至不惜用辱骂、殴打的手段以制服对方，虽然暂时占了上风，却可能在感情上造成更大的裂痕。

9. 主动退出

不少夫妻在争吵过程中，总有一种要占上风的心理，就是都要以自己"有理"来压服对方，结果谁也不服谁，反而越说越有气。其实，夫妻之间的争吵，一般没有什么原则问题，许多是是非非纠缠在一起，也不易分清，特别是在头脑发热、情绪激动时更不易讲清。如果争吵了一段时间，发现这样下去还不能解决问题，那么有一方就要及时刹车，并告诉对方应该休战了。这并不是屈服、投降，而是表示冷静和理智。比如可以用幽默打破僵局，或者干脆严肃地说："我们暂停吧！这么吵也解决不了问题，大家冷静点，以后再说。"之后，任凭对方再说什么，也不再搭腔。

10. "幽"他（她）——"默"

吴刚下班后刚推门走进屋，便看见妻子正在收拾行装，吴刚很诧异地说："你这是要干什么？""我再也待不下去了！"妻子喊道，"一年到头，整天同锅碗瓢盆打交道，烦死我了，我要离开这个家。"吴刚茫然不知所措，望着妻子拎着皮箱走出门。发火吧，反倒会使妻子更加坚定地离去；放任吧，又不是那回事。忽然，他灵机一动，冲进房间，从架子上抓起一只皮箱，冲到门外，对妻子喊道："等一等，亲爱的，我也待不下去了，我和你一起走！"故事的结局自然是妻子转怒为喜，回头是岸。究其缘由便是吴刚的高超手法。面对怒火冲天的妻子，他不是以硬碰硬，而是采取了一种顺势用力，借力化力的幽默艺术，使妻子的怒火泄尽，同时又不得不无奈地返回家巢。

俗话说"无欲则刚"。每个人在交际中都有一种满足欲望的心理需要。因此，只要你能够满足他的这些需要，"刚"自然便会"克"去。

有一对新婚夫妇婚后不久因生活小事吵了一架，双方各不相让，战火愈烧愈旺。最后妻子号啕大哭。她边哭泣边抽咽着说："我……我要跟你离婚，我这就离开这里，回娘家去。"丈夫一听，着急了。怎么办呢？灵机一动，对妻子说：

"那太好了。亲爱的！给，这是坐车钱。"妻子数了数，问道："那，回来的路费怎么办？"

故事的结果没写大家也能猜到。聪明的丈夫因势利导，在妻子提出要回家的想法时，顺水推舟，把车钱都给准备好了。妻子暂时的欲望得以满足，火气自然就会减弱。这一切都应该归功于幽默的力量。

与陌生人交谈要讲究方法

虽然有电影警告我们"不要与陌生人说话",但事实是我们一生中的"非陌生人",哪一个又不是源于"陌生"?

下面我们将介绍 8 个与陌生人谈话所应掌握的技巧。

1. 不要小看自我介绍

"接近对方"的语言艺术,绝不应该是一种花言巧语,而是以真诚、热心、礼貌、得体为主,因此,接下来将陆续介绍 9 种和人初次见面时,迅速建立良好关系的语言艺术。

和陌生人见面,第一个步骤便是介绍自己。

可以由第三者出面介绍,也可以自我介绍,不论采用何种介绍方式,都不宜采取太冷淡或太随便的态度。

特别是自我介绍的时候,更要注意自己的言谈举止,做到恰当得体。那么,怎样的介绍才算恰当得体呢?

一般来说，介绍的语言既要简洁明了，又能使对方从你的介绍中找到继续谈下去的话题；既要使对方通过你的介绍对你有所了解，又不使对方觉得你在自吹自擂。接下来，我们比较以下3种介绍法：

A. 我是×××，请多多指教。

B. 我是大华实业公司业务部经理×××，请多指教。

C. 我是大华实业公司业务部经理×××，是××大学经济系毕业生，××教授是我的老师，我曾在××集团担任过销售顾问。

第一例的介绍过于简单，相信对方在听了介绍后，除了名字以外其他一无所知，很难把话题接续下去，做进一步的交谈；第三例则太过画蛇添足，显得有些啰唆，有自吹自擂之嫌，容易引起对方的反感，而不愿意与你做更深入的交谈；第二例则既简洁，又能使对方找到接下去交谈的话题。

如："啊，大华实业公司，我在报上看过介绍你们公司的文章。你们的公司现在经营得怎么样？"或者是：

"啊，你是做销售工作的，我对这项工作也很有兴趣。你一定很有经验，可以在这方面指点我一些吗？"

这样，双方就能很自然地找到话题，使气氛热闹起来。

2. 找出最适当的称呼

运用称谓，看来似乎是一件再简单不过的事。其实，它在语言艺术中，却是不可掉以轻心的一个关键。

有一次，一位心理学家应邀到一处少年管教所为犯错误的青少年辅导。当他面对年纪轻轻的罪犯时，一时间不知道怎样称呼对方。

如果称对方为犯人，必然会让对方产生反抗心理，对辅导教育反而是不利的；称先生，显然也不合适，最后他用了"误触国家法律的年轻朋友"这一个特别的称呼。谁知，这一称呼竟收到意想不到的效果，这些青少年罪犯听到这一称呼时都专注地凝视着他，有的还激动得哭了。辅导自然收到了很好的效果。

我认识一位善于演讲的作家，他曾和我分享一个令他印象深刻的心得：针对不同的听众对象，选用适当的称呼，要比千篇一律地称"朋友们或听众们"的效果好得多。

如果面对的是青年听众，那么"青年朋友们"的一声称呼，就是把自己和青年置于平等的地位；对大学生称之为"未来的××师，××家"，确实更能激发他们的自豪感；把护士称之为"白衣天使"，尊敬之情溢于言表。

凡此种种，随情适景的称谓，无疑会使双方在感情上更为接近。

3，巧用"我"这个字

在人际交往中，"我"字是经常会讲到的。但"我"字怎么用，却大有学问。

"我"字讲得太多，过分强调，就会给人突出自我、标榜自己的印象，这会在对方和你之间筑起一道防线，形成障碍。因此，会说话的人，在语言传播中，必须掌握"我"字运用的分寸。方法之一是少用"我"字，多运用复数或省略主语。譬如：

"我对我们公司的员工最近做过一次调查统计，（我）发现有40%的员工对公司有不满情绪，（我认为）这些不满情绪来自奖金的分配不公，（我建议）是不是可以……"

第一句用了"我"，主语已经很明确，那么后面几句中的"我"不妨统统省去。这对句子意思的表达毫无影响，且能使句子显得更简洁，避免不必要的重复，还能使"我"不至于太突出。

方法之二是配之以平稳和缓的语调以及自然谦和的表情、动作。具体而言，讲"我"时，"我"字不要读成重音，声音不要拖长，目光不要咄咄逼人，表情不要眉飞色舞，神态不要得意扬扬，语气也不要过分渲染。应该把表达的重点放在事件的客观叙述上,而不是突出做这件事的"我",更不要使听的人,觉得你高人一等,是在吹嘘自己。

方法之三是以"我们"一词代替"我"。以复数的第一人称代替单数的第一人称,可缩短双方的心理距离,促进彼此情感的交流。

4. 懂得发问的艺术

在与不熟悉的人交往的过程中,巧妙的提问,不仅能起到投石问路的作用,还能使交谈随着自己希望的方向一层层展开,达到相互沟通的目的。

有的人问话一出,便立即打开了对方的话匣子,双方相见恨晚,成了好朋友;有的人问话一出,却使对方无言以对,使场面变得尴尬,双方只得以"再见"收场。可见,发问也是一种说话艺术,对"拉近"双方的关系起着很重要的作用。

一家饭店招聘服务员,有两位年轻人来应聘。

第一位应聘者这样招呼光临的顾客:"您好,您吃鸡蛋吗?"顾客摆了摆手,似乎答不出来,对话就此结束了。

第二位应聘者这样招呼光临的顾客:"您好,请问您吃一个鸡蛋还是两个鸡蛋?"顾客笑着回答:"一个鸡蛋。"

可见,第二位应聘者的说话策略相当成功。他在这里运用的是限制性提问。这类提问有两个特点：一是在提问中便限制了对方可能做出的回答，有意识、有目的地把对方的思路引向提问者所希望的答案上。二是这类发问能使对方从中感受到提问者的诚意，在心里有亲切之感，觉得盛情难却，不好意思拒绝，即使原来想拒绝，也会不由自主地改变主意，顺着问话人的意思做出答复。但这类提问一般只适用于预期目的十分明确的情况下，如果对情况不是很了解又无明确的目的，就不宜用这类提问方式。

情况不是很了解又无明确目的的时候，提问的范围宜大不宜小，宜活不宜死，必须给对方的回答留有自由选择的余地。

这时，暗示性提问也是常被采用的方式。

如果你住在学生宿舍，别人用了你的洗脸盆，用完后忘了把水倒掉，于是你便很有礼貌地问了一句"请问您……洗脸盆还要用吗"，那效果总要比直接问"你怎么还不把洗脸水倒掉"或者说"请快点把洗脸水倒掉"好得多。

暗示性提问的特点在于婉转含蓄，不会使对方感到难堪，可以因此避免许多误解和矛盾，有时还会使对方觉得你很有礼貌、有教养而产生好感，从而使双方的来往更加频繁。

5. 借力使力

在人际交往中，除了上述谈到的投其所好、寻找对方感兴趣的话题以外，与其相类似的还有"借力使力"法。

你可以因人因事因物，就地取材、就近取材，以特定的物和事为媒介，作为引发交谈的"因子"。

比如一个陌生人手里拿着一份报纸，你如果想结识他，便可以以报纸作为媒介，对他说："对不起，打扰一下。请问您手里拿的是什么报纸？有什么重要新闻吗？"这样，你与他的对话就有了开始的可能。

6. 转移话题

在与陌生人打交道的过程中，常常会遇到鸡同鸭讲的状况，这时就需要灵活应变，另辟蹊径，寻求话题的转机。

1984年美国总统里根访华前夕，根据顾问们设计的步骤，他先与一位大学毕业的中国留美学生通过电话，告诉对方他将访华的消息，问对方有什么需要他转告母校的。

这位学生在毫无心理准备的情况下，突然接到里根总统本人的电话，顿时慌张失措，紧张得说不出话来。

里根知道"此路不通"，立刻调转话头，亲切地问："你来美国有多长时间了？过得习惯吗？"

对方顺着里根的问话，从一些日常小事谈起，情绪逐渐平静下来。里根接着再趁势自然地把话题转回到原来的话题上，这位学生也很高兴地请总统转告他对祖国人民及母校师生的问候。

这个电话发展至此才获得了预想的结果。

转换的话题能否起到"山重水复疑无路,柳暗花明又一村"的效果,其关键在于当事者要善于从第一回合的接触中撷取经验,做出正确的判断,弄清楚对方的心理、性格、素养等特点,寻找出能被对方接受、理解,又能为谈话找到出口的话题。

因此,话题的转移不是随心所欲的,也不仅仅是为了无话找话说,而是为展开原来的话题创造有利条件、铺平道路。因此,新话题的切换,必须有的放矢、目标明确,加上通盘考虑,才能达到事半功倍的效果。

7. 消除紧张情绪

一般来说,处于不平等地位的人际往来,在接触的初始,往往会具有一种紧张的心理状态。

这种状态的存在常常成为双方接近的障碍,但是只要通过适当的语言,转移对方的紧张情绪,便能消除这种障碍。

消除对方紧张心理的方法有很多,如前面列举的美国总统改变自己的态度和使用鼓励性的言语,就成功转移了对方的紧张情绪;而幽默风趣的话语只要运用得当,也能在自己和不熟悉的人之间架起一座桥梁,使双方很快熟络起来。

转移紧张情绪的方法尽管很多,但如果没有对人的平等和尊重的思想感情作基础,是很难收到好效果的。

8. 熟记对方的姓名

人们在日常交往中,如果遇到一个并不十分熟悉的人能叫出自己的姓名,就会对那个人产生一种亲切感。相反的,如果见了几次面,对方还是叫不出你的名字,便会产生一种疏离感、陌生感,增加双方的心理隔阂。

在人们的心目中,唯有自己的姓名是最美好、最动听的东西。许多事实也已经证实,在公关活动中,广记人名,有助于公关活动的展开,获得成功的机会也比较大。

有一个人叫小吉姆·法里。此人从来没有进过一所中学,但是在他46岁时,已经有4所学院授予他荣誉学位,他也成为民主党全国委员会的主席,美国邮政总局局长。

卡耐基去访问小吉姆·法里,请教他成功的秘诀。他说:"工作卖力。"卡耐基说:"别开玩笑啦。"

小吉姆·法里接着反问卡耐基:"那你认为理由到底是什么?"卡耐基回答:"我知道你可以叫出一万人的名字。"

"不,你错了。"他说,"我能叫出五万人的名字。"

这项能力,使法里先生帮助罗斯福进入了白宫。

美国前总统罗斯福在一次宴会上,看见席间坐着许多不认识的人，他找到一个熟悉的记者，从记者那里一一打听清楚了那些人的姓名和基本的信息，然后主动和他们接近，并准确地叫出他们的名字。

当那些人知道他竟是著名政治家罗斯福时都大为感动。从此以后，这些人都成了罗斯福竞选总统时的忠实支持者。

如何与不同性格的人交谈

在人际交往中,如果你稍微留心一下,就可以把人分成三种:爱说话的人、爱听不爱说的人、不爱说也不爱听的人。下面我们再具体讨论如何应对这三种人。

1. 爱说话的人

这种人最容易应对,你只要用一两句话逗引他,他便会一直说下去。对这种人,你要有足够的耐心,不管他说得怎样,你都要耐心地听着,那么他就会非常高兴,哪怕你一句话不说,他也会以你为知音。

2. 爱听不爱说的人

这种人就比较难应付了。他生性虽不爱说话,却十分喜欢听别人说话。本来人是少说话为好,因为听话容易,而说话能讨好别人却不容易。但如今你碰到了对头,你要不说,这局面就难以维持下去，那么你就得小心了。

你可以从头到尾包办说话，但你要牢记，你是说给对方听，不是说给自己听。因为，问题不在于只图自己痛快，必须顾全到对方的兴趣。你要为听者着想。第一你要先探出对方有没有兴趣（用几个回合的对答就可以探出来了），然后选择有兴趣的话题谈下去。一般人愿意听你的谈话，大多因为你有值得听的东西：或由于你刚从外地带回来很多消息，或由于你的某些经验值得学习，或由于你知道了一些特殊的新闻，或由于你对某一问题具有独特的见解……所以他才愿意耐心听你说。

但有一点要注意，说一个话题时要适可而止，否则仍会令人疲倦。说完一个话题之后，就要另找新鲜话题，如此才能把对方的兴致维持下去。

其次是在交谈当中，你必须时常找机会诱导对方说话，像说到某一部分征求他的见解，或谈到某个问题时请他发表自己的意见等，要使对方不至于呆呆地听，才不失为一个善于说话的人。

要是以为别人爱听自己讲话，或不管别人爱听与否，便随兴地说下去，那就违背了谈话的艺术之道。

3. 不爱说也不爱听的人

这种人通常坐在客厅的一个角落里，抽着香烟。当偶然听见别人哄然的笑声时,他也照例地跟着笑,但这笑显然是敷衍的,因为笑容随即收敛,他的眼光已经移到窗外或是墙上的另一张字画上去了。

这是最难应付的一种人。虽然这种人绝对不会单独来看你,但要是在别人的家里遇到,或在宴会里刚巧他坐在你身边,那样你就不能不想个办法了。

首先你要明白,不爱听也不爱说的人是没有的,要是真有这种人,他一定终年躲在图书室或实验室里,不会出来交际应酬。为什么这种人如此落落寡合呢?大概有两种原因。

第一,他可能是在一伙人当中年纪较大或较小,或学问兴趣与他人不合,而同时在座的其他人则比较世俗。谈天说地,无非是饮食男女,可能会言语粗俗,言不及义,使比较有修养的人望而却步,所以他才独自躲坐一角。只要你知道症结所在,应付是不难的。你可以从几句问句中探明他的兴趣是什么,然后和他谈论下去。他见你谈吐不俗,在满堂浑浊中一定会以你为知己,如此一来,僵局就打破了。

另外的一个原因:他的思想并非特别高深,不过生来有点怪癖,与人难合,你用几句话探出其原因后,就可以采取另外的一种方法去应付他。

"贝克汉姆近来技术不行了!"比方你知道他对足球颇有兴趣,这一句是很好的激将法,因为十个足球迷有九个拥戴贝克汉姆,如此一来,他必不肯善罢甘休。你当然要在后来表示屈服,不过在战略上你已经胜利了。

这种激将法,同样可用在对付学问高超,但生性却古怪的学者身上。"如果要提高中学生的语文水准一定要加强文言文的教育。"对于一个提倡白话文学的学者,这一句话是不能忍受的。于是你的目的又达到了。

在任何场合中,遇到任何人,谈话的方法是要有成竹在胸,以备随机应变。

第三章

情商高的人谈吐非凡

卡耐基曾说:"如果你能和任何人连续谈上10分钟而使对方感兴趣,那你便是一流的说话高手。"总之,无论三教九流,各种阶层人物,你能和他不冷场地谈上10分钟,还要使他们感兴趣,这需要很高的说话涵养。

说好话的前提是充实自己

每个人的经历不同,各有一个生命仓库,这个仓库储藏了我们的记忆、经历和感情。无论是写文章还是说话,都要肚子里有货。要想提高自己的说话能力,首要任务是先充实自己的生命仓库。

胸无点墨的人,不可能对答如流。学问是一种利器,有了这宝贝,一切都会迎刃而解。平常说话,并不必须要对专业学问有精湛的研究,但是对所谓的"常识"却是必须具备的。有了一般的"常识",再加上巧妙运用,跟任何人聊10分钟并不难。

每天的时事新闻,每月的知名电影,市面的畅销图书,都是必须了解的,这是基本准备工作。如果你想在谈话中给人留下深刻印象,世界的动向、国内政治形势、一般经济状况的趋势乃至科学界的新发明、新发现和世界所注目的地方或新闻人物,以及艺术名作、流行思潮的转变、电影戏剧新作品的内容等,都可以从手机上了解到。

切忌对每一种人都谈同样一件事情。一个研究科学的人通常不会对做生意产生兴趣;同样,对一个生意人谈哲学道理,十有八九会冷场。遇到屠夫就谈猪肉,见了厨师就谈烹调,如果屠夫和厨师都在座,不妨谈排骨的几种食用方法,这样保证不会冷场。可见,为了要应付社会上形形色色的人,你就要具备多方面的知识。

如果你能做到这一点,那么应付各种人物自然轻松愉快。虽非样样专长,但运用全在你自己。你不懂法律,但遇到律师你不妨和他谈最近发生的某件案子,你提供案情(这是你从公众号上读到的),其余的专业法律问题让他说好了。

知识是任何事业的根本,你要使谈吐能适应任何人的喜好,更要多读书,使天地间的知识储备在你脑中,到要应用的时候,则可选择整理,与人对答如流了。

选择良好的说话素材

有时候短短一句话,能凸显一个人一生的准备。

对于谈话的题材和素材,一方面要懂得去吸收,一方面要懂得去应用。懂得去运用,即使一句普通的话,往往也能收到惊人的效果。

1. 百扣柴扉十扇开

从前有位教育家,为了按他自己的理想办一所学校,他动员他的朋友们帮助募捐。

开始时,募捐的情形是很困难的。他的一个朋友,打算放弃这项工作,并且引用一句古诗"十扣柴扉九不开"来说明募捐困难的情形。

"十扣柴扉九不开"真是把募捐困难的情形形容得恰到好处。听起来,叫人们多么灰心丧气啊。

但这位教育家把这句古诗从另外的角度去阐述,于是便得到完全相反的效果。

他说:"不错,我们现在的情形是'十扣柴扉九不开',可是这也就是说十扣柴扉有一扇是开的。那么,我们要敲开十扇门,只要努力一点,多敲几十扇门就是了。"

于是他把"十扣柴扉九不开"这句话,改为"百扣柴扉十扇开",以此来鼓舞他的同人,最终完成了募捐建校的任务。

这个例子可以帮助我们学会如何去应用素材,启迪我们的思维,使它灵活起来。

2. 不要把学到的东西像背书一样复述

当我们说一句话的时候,我们并不是像背书一样,把记得的话,像鹦鹉学舌一样地复述出来,而是我们要应用这些话来表示我们的看法和态度,这样别人才不会觉得我们是书呆子。

你每日所遇见的各种可以作为谈话的题材和资料,都在向你提供一些对人对事的看法,都在影响你对人生的观点与态度。在你吸收它们的时候,你可能是毫无主见地去吸收,而在你应用它们的时候,你就不应该是毫无目的地去应用。

在你吸收它们的时候,你是用你的观点和态度去衡量它们。你的耳朵听到一句话，你的心立刻对它们表示了态度：喜欢它们或不喜欢它们；同意它们或是不同意它们。

训练口才与应用口才，也是要看你对整个人生的态度，并没有常例可依循。

善于运用说话素材

存在于"冷场大师""尬聊专家"之中的一个最普遍的误区是：以为只有那些最不平凡的事件才是值得谈话的。

当你想与人交谈时，你会在脑子里苦苦地搜索，想找一些怪诞不经的奇闻，惊心动魄的事件，或是令人神经错乱的经历，以及令人兴奋刺激的事情。

当然，这一类事情，一般人会很感兴趣。能够在谈话的时候讲出如此动听的事，对听的人或是对讲的人，都是一种满足。

可是这一类的事情并不多，一些轰动社会的新闻，不用你来讲，别人已经听过了。即使你亲身经历过的是比较特殊的事件，你也不能拿它到处一讲再讲。还有你在某一个场合很受欢迎的故事，在另外一些人的面前，并不一定会受欢迎。

因此，如果你认为只有那些最不平凡的事情才值得谈，那你就会经常觉得无话可谈。

其实，人们除了爱听一些奇闻逸事之外，也很愿意和朋友们谈一些关于日常生活中的普通经验。例如，小孩长大了，要选哪一家学校比较好；花木被虫子咬了应该买什么样的杀虫剂；这个周末有什么好电影看。这些都是很好的谈话题材，也都能使谈话双方产生兴趣。

所以，当你的脑子里并没有准备好一些奇闻怪事时，你也不必保持缄默。日常生活里充满了可以谈话的题材，只要你细心观察，就不难找到使大家都感兴趣的谈话题材。

不少人有一种误解，以为必须谈些深奥的、有学问的话题，才能够受人尊敬。有这样误解的人，常常想跟别人谈一些很抽象的哲学理论或是什么高科技的问题。但这些问题，即使你准备得很充分，却很难找到和你也有同样兴趣的谈话对象。因此，在大多数的场合，你就会觉得无话可说了。

事实上，几乎任何话题都可以是良好的谈话题材：

·你可以谈足球、篮球和其他运动；

·你可以谈食物、谈饮料或谈天气；

·你可以谈生命、谈爱情或谈理想；

·你可以谈同情心、谈责任感或谈真理；

·你可以谈证券市场、谈所得税或谈流行的服装；

·你可以讨论书籍、戏剧、电影、广播节目、国际上的新闻，或地方上的问题；

·你可以交换一下关于某个故事或是某个人物的意见；

·你可以复述一下，你在某个杂志上面看到的一篇论文的要点。

诸如此类，都是很好的谈话题材。这里只是略举一些以引发你的想象，实际上，谈话题材比这里所提到的何止多上千万倍。

忠言不必逆耳说

青年人大多眼里容不下一粒沙子，口里藏不住一句话，看到认为不对的事情就忍不住大加鞭挞，并自己安慰自己，说什么"良药苦口，忠言逆耳"。

其实，有时候良药未必苦口，忠言也未必逆耳。把良药弄得苦口，以致病人怕吃，是医学不发达的现象；把忠言弄得逆耳，以致犯错的人不能接受，是说话人之过。

我们都有这种经历，我们并不是不愿意听别人批评，也不是不能接受批评。有时，我们还真希望有人来指点指点，我们看书请教别人，我们做了事情、说了话、写了文章、自己不会或不敢下判断，这时候我们何尝不希望有人能出来告诉我们哪点好，哪点坏？有的时候，我们因为别人能够忠实地、大胆地指出我们许多错误，而对他感激涕零，永世不忘。

可是，有些批评，我们听了却觉得难受、委屈和气愤，感到自尊心、自信心都大受打击。

同样是批评,为什么会产生两种效果呢?关键在于别人对我们的同情与了解的程度。我们始终欢迎的是那些非常了解和同情我们的人,对我们进行坦诚而又充满热忱的批评。卡耐基在《美好的人生》中就有这样一句话:"如果你是对的,就要试着温和地、有技巧地让对方同意你。"

苦口的良药和不苦口的良药放在一起,每个人都会选择不苦口的良药。逆耳的忠言和悦耳的忠言比较起来,悦耳的忠言也许永远占上风。

近来医学发达,大概苦口的良药渐渐被淘汰了。有些仍然是苦口的,但在苦口的良药外面,大多也有一层"糖衣"。而我们的逆耳忠言外面,一样地需要加一层"糖衣"。这就是同情和了解,坦诚和热忱。

其实,用"糖衣"来比喻同情和了解不太恰当。"糖衣"虽然是甜的,但"糖衣"里面仍然是苦的,把苦药放在口里多嚼一会儿,"糖衣"被口水溶化了,下面仍然是苦得使你要把它吐出来的良药。

而对人的同情与了解,和我们的忠言的关系,绝不同于"糖衣"和苦药的关系。"糖衣"与苦药是一种表里的关系,而同情与了解,和我们的忠言却是交融在一起的。同情与了解是我们忠言的核心。

忠言,是建立在对人的同情与了解的基础上,你的忠言,被人听进耳,记于心,咀嚼得越透,领会得越深,别人就觉得你对他的了解越透彻,觉得你对他的同情越深。

可以这么概括地说:对别人的忠言,我们不必计较它"苦不苦","逆耳不逆耳",只要它的确是"忠言"。对我们自己讲给别人的忠言,还是尽可能包上"糖衣"。因为在沟通中,也很需要"严于律己,宽以待人"。

你的聪明不要用唱反调来表现

"这部电影糟透了,花了两个钟头,看来一点意义也没有。"

"看电影何必要什么意义呢?而且,这部片子也不能算是很坏。我认为它的布景很壮观,一定费了很多工夫。"

"我觉得没什么,这种布景还不是老一套。"

"还有演员也算相当卖力,只可惜为剧本所限,不能充分发挥他们的演技。"

"这几个演员已经算是演得不错的了,如果在别的剧本里,他们的表演一定更糟糕。"

"……"

上面几句对话在你看来也许觉得好笑,不过这情形在我们的生活中多着呢!有些人差不多成了习惯,专和别人作对,无论别人说什么,他总是唱反调。他自己本来一点成见也没有,不过你说"是"的时候,他一定会说"不";到你说

"不"时,他又说"是"了。犯这种错的人很多,且往往不自知。

为什么会这样呢?因为他不喜欢听取别人的意见,以自我为中心,而且他自以为比别人高明,事事要占上风。

即使你的见识真的比别人高,这种态度也是不对的。你不为对方留一点余地,好像非要让他下不了台才觉得满意。这种坏毛病使你与朋友或同事疏远,没有人肯和你一起讨论问题,更不敢向你进一点忠告。你本来是一个很好的人,但你却有爱跟人抬杠的习惯。

唯一改善的方法是养成尊重别人的习惯。首先你要明白,在日常谈论的话题当中,你的意见不一定都是对的,而别人的意见不一定都是错的。那么你为什么每次都要反驳别人呢?

有这种毛病的人,大概都是聪明人居多(要不就是自作聪明的人),他也许太热心,想提出更高明的见解,他以为这样可使人敬服,但事实上完全错了。一些平凡的事情,是不必去费心做更高深的研究——至少我们日常谈话的目的是消遣多于研究,既然不是在慎重地讨论问题,又何必在琐碎的事情上抬杠呢?所以,第二点你要注意的,就是在轻松的谈话中不可太过认真。第三,别人和你谈话时,他根本没有准备请你说教,大家说笑罢了,你要是故作聪明,提出更高明的见解,对方绝不会乐意接受的。所以,最好不要随时摆出像要教导别人的样子。记住"大智若愚"那个成语。

对别人的观点和看法,你如果不能马上赞同,最低限度也要表示可以考虑,但不可马上反驳。要是你的朋友和你聊天,你更要注意,无谓的争论会把有趣的生活变得乏味。

如果你的太太问你:"我的发型好看吗?""不好看。""我的衣服漂亮吗?""不太好看。"或她说:"这只红色的鞋子真好看。"你却偏要说:"不如黑的。"她说:"孩子应该早点起床。"你却说:"迟点也不要紧。"试想,这样谁还敢跟你说话!

编者在此对那些争强好胜的人说:"你自己要衡量一下,你宁愿要那种表面上的胜利,还是要别人对你的好感?"

相信所有的人都是愿意取得别人的好感。因此,记着你不可做一个固执的同事,不可做个没趣的朋友,不可做一个无情的爱人、一个冷酷的父亲,或者一个执拗的兄弟。

我们常听到批评某人"抬死杠",就是爱与人唱反调,表现得与人不同。现在你明白了抬杠是愚蠢的,那么,希望你避免与人作对才好。

感情最经不起质问

在卡耐基的《思想的光辉》中,有一个关于"质问"的例子。

某日在一公交车上,前排座位有两个乘客在谈话:

"最近看了一部电视剧《牵手》,拍得实在很好。"第一个说。

"有什么好的?"第二个倔强地质问他。

"剧情实在不错,对婚外情别有一番见解。"

"有什么见解?"第二个仍然用那种语调说话。

"还用问吗?它不是指出婚外情所引发的矛盾吗?"

第一个似乎有点不高兴了。

"这算是什么别有一番见解?"第二个依然用质问的语气说。

这两个乘客话不投机,很快就冷场了。卡耐基认为其原因就在第二个乘客用质问的语气来谈话。许多夫妻不睦,兄弟失和,都是由于一方喜欢以质问式的态度来与对方谈话所致。

像上述的那两个乘客,如果后者改变一下他的态度,当第一个乘客提出对《牵手》的意见时,他可以坦白说出自己对这部电视剧的见解,而不要用质问的方式使对方难堪,这样沟通就可以愉快地进行下去。

谈话时习惯质问对方的人,多半胸襟狭窄,好吹毛求疵,与人为难,或性情孤僻,或自大好胜。其实除了在不得已的场合如在法庭上辩论之外,质问是大可不必采用的。如果你觉得意见不合,不妨立刻把你的意见说出来,何必一定要先来个质问,使对方难堪呢?

同样,也有些人爱用质问的语气纠正别人的错误。

"昨天我想是今年以来最酷热的一天了。"

"你怎会知道?"

对方虽然说错了,但你何必要先给他一个难堪的质问呢?你既然知道昨天温度不过34℃,而前天却达到35℃,那么你说出来就好了。先质问,后解释,犹如先向对方打了一拳,然后再向他解释一样。这一拳,足以破坏双方的情感。被质问的人往往会被弄得不知所措,自尊心受到很大的打击,如果他是个脾气不好的人,必会恼羞成怒。

虚心、坦诚和尊敬别人是语言沟通的必备条件。把对方为难一下子，以逞一时之快，于人于己都没好处。你不愿别人伤害你的自尊心，你也不可伤害他人的自尊心。如果有不妥之处，你可以询问原因，可以向他们解释，但要真诚大方。如果你想使得对方心悦诚服，越是在意见分歧的时候，越不可用质问的方法。当对方因你的质问而感到窘迫时，在形势上他失败了，但他必定会抱恨在心。

虽然与朋友交谈时，偶尔以质问的语气开玩笑是可以的，可是不要经常用，以免养成了习惯。

为人温厚就是为自己留有余地，不侵害别人就是护卫自己。

开玩笑的 5 个原则

年轻人三五成群聚在一起,大家不免开开玩笑,互相取乐。说话不受拘束,原是人生一快事,不过凡事有利也有弊,乐极更易生悲,因开玩笑而使大家不欢而散的事情也常会发生。

如何开玩笑,有以下 5 个原则必须遵守。

1. 内容要高雅

笑料的内容取决于开玩笑者的思想情趣与文化修养。内容健康、格调高雅的笑料,不仅给对方启迪和精神的享受,也是对自己美好形象的有力塑造。钢琴家波奇一次演奏时,发现全场有一半座位空着,他对听众说:"朋友们,我发现这个城市的人们都很有钱,我看到你们每个人都买了两三个座位的票。"于是这半屋子听众放声大笑。波奇无伤大雅的玩笑话使他反败为胜。

2. 态度要友善

与人为善,是开玩笑的一个原则。开玩笑的过程,是感情互相交流传递的过程,如果借着开玩笑对别人冷嘲热讽,发泄内心厌恶、不满的感情,那么除非是傻瓜才识不破。也许有些人不如你口齿伶俐,表面上你占到上风,但别人会认为你不懂尊重他人,从而不愿与你交往。

3. 行为要适度

开玩笑除了可借助语言外,有时也可以通过行为动作来逗别人发笑。有对小夫妇,感情很好,整天都有开不完的玩笑。一天,丈夫摆弄鸟枪,对准妻子说:"不许动,一动我就打死你!"说着扣动了扳机。结果,妻子被意外地打成重伤。可见,开玩笑千万不能过度。

4. 对象要区别

同样一个玩笑,能对甲开,不一定能对乙开。人的身份、性格、心情不同,对玩笑的承受能力也不同。

一般说来,后辈不宜同前辈开玩笑;下级不宜同上级开玩笑;男性不宜同女性开玩笑。在同辈人之间开玩笑,则要掌握对方的性格特征与情绪信息。

对方性格外向，能宽容忍耐，玩笑稍微过大也能得到谅解。对方性格内向，喜欢琢磨言外之意，开玩笑就应慎重。对方尽管平时生性开朗，但如恰好碰上不愉快或伤心的事，就不能随便与其开玩笑。相反，对方性格内向，但正好喜事临门，此时与他开个玩笑，效果会出乎意料地好。

5. 场合要分清

美国总统里根一次在国会开会前，为了试试麦克风是否好使，张口便说："先生们请注意，5分钟之后，我将对苏联进行轰炸。"一语既出，世界哗然。里根在错误的场合、时间里，开了一个极为荒唐的玩笑。为此，苏联政府提出了强烈抗议。可见，在庄重严肃的场合不宜开玩笑。

总之，开玩笑要有分寸，不能过分，尤其要分清场合和对象。另外，关于开玩笑的忌讳，卡耐基指出了以下4项：

（1）和长辈、晚辈开玩笑忌轻佻放肆，特别忌谈男女风流韵事。几辈同堂时的玩笑要高雅、机智、幽默、解颐助兴，乐在其中。在这种场合，忌谈男女风流韵事。当同辈人开这方面玩笑时，自己以长辈或晚辈身份在场时，最好不要多嘴，只若无其事地旁听就是。

（2）和非血缘关系的异性单独相处时忌开玩笑（夫妻自然除外）。哪怕是开正经的玩笑，也往往会引起对方反感，或者会引起旁人的猜测和非议。要注意保持适当的距离,当然,也不能太过拘谨。

(3)和残疾人开玩笑要注意避讳。人人都怕别人用自己的短处开玩笑,残疾人尤其如此。俗话说,不要当着和尚骂秃子,癞子面前不谈灯泡。

(4)朋友陪客时,忌和朋友开玩笑。人家已有共同的话题,已经形成和谐融洽的气氛,如果你突然介入与其开玩笑,转移人家的注意力,打断人家的话题,破坏谈话的雅兴,朋友会认为你很扫兴。

不要讨论别人的短处

世间没有十全十美的人，凡人皆有其长处，也难免有短处。在沟通中，你要极力避免说别人的短处，否则不仅使别人的尊严受到损害，而且还会显示你人格的低下。

1. 不可以讹传讹

首先你要明白，你所知道的关于别人的事情不一定可靠，也许另外还有许多隐情你不了解。要是贸然把你所听到的片面之言宣扬出去，难免不颠倒是非，混淆黑白。话说出口就收不回来，事后你完全明白了真相时你还能更正吗？

"张某借了王某的钱不还，存心赖账，真是卑鄙。"昨天你对一个朋友说。这话是从王某方面听来的，他当然站在自己的立场说话。人都是觉得自己是对的，当然不易把话说得很公正。

如果你有机会见到张某，他也许会告诉你，他虽然借了王某的钱，但有房产证抵押在王某那里。因为自己资金周转出了问题，到期不能清还，只好延长抵押期。当初王某表示如果有需要延长抵押期时，可以延长抵押期，而今王某急于拿回现款，张某一时无法立刻付清，既然有抵押物，就不能说他是赖账。

人与人之间的关系大半如此复杂，你如果不知内幕，就不可信口开河。

2. 为自己定一条戒律

社会上有一种人，专好推波助澜，把别人的是非编得有声有色，夸大其词地逢人就说。人世间不知有多少悲剧由此而生。你虽不是这种人，但偶然谈论别人的短处，也许无意中就为别人种下祸患的幼苗，其不良后果并非你所能预料的。

请为你自己定下一条戒律：除了颂扬别人的美德，永不议论别人的隐私，否则你将永远找不到一个愿意和你亲近的朋友。

如果别人向你说某人的隐私，你不可做传声筒，并且不要深信这片面之词，更不必记在心上。和谈论别人的短处一样，不可就表面的观察便在背后批评人家，除非这是好的批评。说一个坏人的好处，旁人听了最多认为你是无知。把一个好人说坏了,人们就会觉得你居心不良了。

　　人们好说女人最爱谈论别人是非,其实男人当中也不乏这种人。如果你茶余饭后要找谈话的题材时,则天上的星河,地下的花草,无一不是谈话的好题材,真是不必一定要说东家长、西家短才能消遣时间。再者,说别人的短处,说不定就是你自己的短处。

摒弃不良的说话习惯

如果你脸上长有疤痕,你可以从镜中窥见,然后使用化妆品或药品加以治疗弥补。谈吐缺陷也同样可以去除,但治疗之前,你必须辨认出自己的这些缺陷。

我们归纳总结以下几点常见的缺陷,你可以检查一下自己是否具有这些缺陷。

1. 你是否使用鼻音谈话?

这是一种常见且影响极坏的缺点,当你使用鼻腔说话时,你就会发出鼻音。如果你用大拇指和食指捏住鼻子,你所发出的声音就是一种鼻音。在电影镜头里,如果演员扮演的是一种喜欢抱怨、脾气不好的角色,他们往往使用的就是鼻音的说话方式。如果你使用鼻音说话,当你第一次与人见面时,就不可能吸引他的注意。你让人听起来像要抱怨、毫无生气、十分消极。不过,如果你说话时嘴巴张得不够,声音也会从鼻腔而出。当你说话时，上下齿之间最好保持半寸的距离。鼻音对于女人的伤害比对男人更大，你不可能见到一个不断发出鼻音，却显得迷人的女人。如果你期望自己在他人面前具有极大的说服力，或者令人心旷神怡，那么你最好不要使用鼻音，而应使用胸腔发音。

中国自古就有"女子笑不露齿"的家训，这一教导显然已不适应当今社会的人际交往。在西方社会，也曾一度将下颚紧闭视为一种所谓的上流的说话方式。说话时不能牵动肌肉，不能在脸上显露兴奋之色，不可放声大笑，否则会产生皱纹。其实，在当今这一充满竞争与危机、困惑与不安的时代，人们更加需要的就是开口放声大笑。我们脸上表露出的活泼生动的神采，正是我们与他人进行有效交流与沟通的一种方式，也是我们自身的一种精神状态与力量的显示。

2. 你说话的声音是否过尖？

当我们受到惊吓或者恐惧时，当我们大发脾气时，当我们呼唤孩子时，往往会提高嗓门，发出一种尖叫之声。女人尤其如此，这也许是因为她们整日面对着无数的刺激。尖锐的声音比沉重的鼻音更加难听，也许人们老远听见你的声音就避而远之。

你可以通过镜子表现自己的这一缺点，你说话时血管和肌肉是否像绳索一样凸出？下颚附近的肌肉是否看起来明显紧张？如果出现上述情形，你可能会发出像海鸥一样的声音。

3. 你说话的声音是否过低？

你的声音是否听起来令人感到疲乏、萎靡不振？你的声音是否听起来显得苍老，是否缺乏一种活力、气势、力量、热诚与激昂？你说话时，他人是否不断地叫你重复？

喁喁私语是传递秘密消息或者谈情说爱时的一种表达方式。在公共场合中，可能只有一种正式的低声细语，那就是在教堂里的祷告，即使他人听不到你的声音，但也知道你在说些什么。

你可以试着发出几种声音，听听自己的声音。你也可以将手指放在喉头上，以正常的音量说几句话，如果完全没有嗡嗡之声，那说明你说话的声音过低。

但不要将低语与柔和清晰的说话混为一谈，即使你以最低的音量说话，你的声音也需要助力，你也能将最低音与最高音之间的各种音调运用自如。如果你是为了寻求一种特别的效果而故意低语，这不能说是一种缺陷。在电影里我们也可以见到类似的镜头，其中的窃窃私语令最后排的观众也听得真真切切。

也许女人会认为,说话让人听不见正是一种女性特有的温柔。事实上,这只是一种表面的做作,并非真正的温柔。如果你说话的目的是与人沟通,千万注意自己的声音要表达适度,这样才能进行有效的交流。

4. 你的嘴唇是否僵滞?

如果你说话时嘴唇动得不够明显,就会口齿含糊不清。嗳嚅者说话时就是如此,他们就如低语者一样,他们嘴唇懒散,无法清楚地表达自己。他们的字句都粘在一起,有时甚至连整个词都予以省掉,让他人根本无法听清,甚至产生误解。

同样的,你也可以在镜子中练习一下说话,如果你嘴唇几乎不动,你就是个嗳嚅者。以下是奥登·纳许的某些名言:

"我深信人们在毕业之前,应该学习如何高声说话,口齿清晰。"

"要是对方口齿不清,将会使我的听觉混乱。"

"这种咬字不清、发音低浊含糊的话语会导致可怕的误解与错失。"

"不论具有何种口音,显露出你的男子气概,并保持语意清晰,这是很简单的事。"

5. 你的声音是否黯然无光？

一个人正常的声音包括 12~20 个音符的音阶，职业演员或歌唱家可达 36 个音符，而有些人却很不幸，他们的声音只有 5 个音符。如果你不幸成为其中的一员，你的声音听起来就像一个滴水的水龙头，发出"滴答、滴答、滴答"的声音；又像一个节拍器，发出的只是"嗒、嗒、嗒"的声音。一旦你开口说话，他人就会昏昏入睡。

有些管理者总是抱怨自己讲话时他人就会表露出一种呆滞、困倦的神情，如果你发出的一直是一种滴滴答答的单调之声，那他人怎么会听得下去？如何检查自己的声音是否单调？你可以自己大声念一段报纸上的文章，利用手机录下自己的声音，听听自己的声音是否配合句意而抑扬顿挫，是否富有生机、色彩和韵律，句子的尾音是否千篇一律。如果你无法肯定地回答，那说明你需要在这方面做出很好的改进。

6. 你说话的速度是否需要调整？

即使是一些职业演说家或政治家，有时也不容易把握好自己说话的速度，如果你说话太快，别人就听不懂你在说些什么，而且听得喘不过气来。如果太慢，人们就会根本不听你说，因为他们缺乏耐心。适当的说话速度约为每分钟 120~160 个字，当我们朗读时，其速度要比说话快。而且说话的速度不宜固定，你的思想、情绪和说话的内容会影响你表达的快慢。说话时把握适度的停顿和速度变化，这会给你的讲话增添效果。

为了测量自己说话的速度，你可以按照正常说话的速度念上一段演讲词，然后用秒表测出自己朗读的时间。如果你说话的速度每分钟不及 110 个字，那说明你说话的速度需要调整。否则，你最适合的工作就只有去当保姆了，因为你很快就会令人入睡。

7. 你是否有口头禅？

在我们平常与人讲话或听人讲话时，经常可以听到"那个""你知道""他说""我说"之类的词语，如果你在说话中反复不断地使用这些词语，那就是口头禅。口头禅的种类繁多，即使是一些伟大的政治家在电视访谈中也会出现这种毛病。

有时，我们在谈话中还可以听到不断的"啊""嗯"等声音，这也会变成一种口头禅，请记住奥利佛·霍姆斯的忠告——切勿在谈话中散布那些可怕的"啊"音。如果你有录音机，不妨将自己打电话的声音录下来，听听自己是否出现这一毛病。一旦弄清自己的毛病,那么在以后与人讲话的过程中就要时时提醒自己注意这一点。

8. 你的动作是否过多?

检查一下自己,你是否在说话过程中不停地出现以下动作:坐立不安、蹙眉、扬眉、歪嘴、拉耳朵、扯下巴、搔头发、转动铅笔、拉领带、弄指头、摇腿等。这些都是一些影响你说话效果的不良因素。当你说话时,听众就会被你的这些动作所吸引,他们会看着你的这些可笑的动作,根本不可能认真听你讲话。

有一位公司老板,当他做公共谈话时,总是让自己的秘书与观众站在一起,如果他的手势太多,秘书就会将一支铅笔夹在耳朵上以示提醒。当然我们不可能人人做到如此,但在你讲话时,完全可以自我提示,一旦意识到自己出现这些多余的动作,赶紧改正。

9. 你的眼神是否暴露了你?

当你与别人握手致意时,你们便彼此建立了一种身体的接触。眼神的交汇作用也同样重要,通过相互传递一种眼神,你们便可以建立一种人际关系。

眼神不仅可以向他人传递信息,你也可以从他人的眼神中接收到某些信息。你似乎听到他们在说：

"真有意思"；

"真令人讨厌"；

"我明白了"；

"我被你给弄糊涂了"；

"我准备结束了"；

"我十分乐意听你讲话"；

"我不想和你讲话"等。

当你说话的时候，你的眼睛也是否在说话？或者你故意回避他人的视线，而不敢与人相对而视，因为那样令你觉得不适？你是否会边说边将眼睛盯在天花板上？你是否低头看着自己的双脚？你看到的是一簇簇的人群，还是一个个的人？总之，再没有比避开他人视线更容易失去观众了。

最后，你可以按照以下归纳的几点检查一下自己：

·利用录音机审视自己的语音条件；

·如果你一开口，鼻子便嗡嗡作响，你就是在用鼻音说话；

·如果你说话时，脖子的血管扩张，你很可能在用尖音说话；

·除非你在说一个秘密，否则不要使用低语；

·说话时嘴唇要灵活；

- 大声朗读，检查自己的声音是否单调；
- 检查自己说话的速度；
- 不要让口头禅脱口而出；
- 说明性动作不可太多，否则会分散听众的注意力；
- 眼神能向他人传递信息，也能让你知道他人的意思。

第四章
情商高的人应答自如

所谓沟通，是说者与听者相互传达意思，只有说者说得口沫横飞，而听者则默默无语，便不能称为沟通。在交谈时，必须营造气氛，让说者能安心地畅谈，这当然要借助应答的作用了。应答就好比润滑油，能使谈话更加流畅。

应答是交谈的调味料

应答好比是烹调时所加的调味料,具有画龙点睛之效。比如"为什么""真的""是吗"或"可是……"等应答,都可用作加深谈话内容。

但如果应答太频繁,就会像加了过多胡椒粉的汤。相反的,30 分钟的谈话,仅仅回答一句"是这样的吗"就变得平淡无味。为使谈话愉快,应该像精致可口的菜肴加适量的调味料一样。

1. 应答宜配合谈话进展做变化

只有机械的应答仍不够,还需配合谈话内容。否则任意使用"你说得对"或"原来如此",恐怕对方会误以为遭人轻视。

因此,应答宜配合谈话进展做变化。当对方说到伤心处,你也如是表现,而对方谈得眉飞色舞,则须表示快乐。如能这般随机应变地应答，可鼓励对方继续表达意见。换句话说，应视情形插嘴，提出问题或加以诱导，那么才能增进谈话愉快的程度。

2. 应避免说长议短的应答

三五好友聚在一起闲谈，难免会谈到别人。人的心理很奇怪，明知不是事实也会听得津津有味。

这对遭受批评的人来说，不论别人所言是对是错，同样都会感到困扰。因为这种批评往往是越描越黑，使不存在的事成为现实，所以，应尽量避免说别人坏话。

关于这点，可从一位食品厂推销员的经验略窥一斑。某天，他到一家超市推广新产品，双方谈成生意后，商场负责人答应扩大专柜以增加他的产品销售量。正要离开时，这个负责人突然提到另一家食品厂商的事。

"A公司投入的设备资金庞大，收益却不高。而且听说老板患有心脏病。对于这类摇摇欲坠的公司，我想列入拒绝往来户，或许下次你来时，他们的产品已不在这货架上。比较起来，还是贵公司的经营稳当。"

说完，这老板还不断强调他只是听说的。照老板所说，对那位推销员的公司似乎有利，所以推销员很想发表意见，但随即改变主意，随口说："是啊，那就糟了。"然后以有事推辞，迅速离开超市。

如此看来，那位推销员的确高人一等。他有责任在身，对方若是顾客，则实在很难应付。如果说"我从不听闲话"，好比在责备对方。回答"你是从什么地方听来的"也会出差错。要是突然改变话题，又会使气氛变得尴尬。

那么，最妥善的方法就像他一样，轻轻松松听完后快溜。如果担心得罪对方而应答，很可能会背负造谣的罪名，因此碰到这种情形须特别谨慎。

适当表明自己的态度

某超市的老板曾碰到下面的问题。

为训练新进员工特举办一系列讲座，以介绍销售方式为主要内容。这位老板自认为内容丰富精彩，但事后询问与会者的意见，大都回答太难、不了解，而演讲人也表示，参加讲座的员工毫无反应，演讲很难继续。

由此可见，如果听者不了解演说者演讲的内容，应清楚地有所表示，比如用递纸条或直接发问等形式，如此演说者不但能谅解，也能改变表达方式。换句话说，听者表示不明白演说者的讲话，绝不会让演说者没面子，反而可使他确知需降低难度，可说是一举两得。

除了听演讲以外，一对一的谈话也是一样。无论任何人发表讲话时，均须掌握"让对方了解"的原则。否则自己说得津津有味，而对方却没有反应，也就丧失交谈的目的与意义。

以听者而言，应适当表明自己的态度。要是听不懂，可表示"刚才的话是否能重复一遍"或"你的意思是不是说……"。同理，对谈话感到有趣也要表现出来。说者不见听者有所反应，往往会乱了阵脚，而失去谈话方向。

听者对话题表示有兴趣，可能会激发说者的灵感，衍生出另一个话题。而表示不了解，说者也会改变表达方式，以期听者能完全明白。所以，说者与听者之间的互动反应，可缩短彼此的心理距离，营造出畅所欲言的氛围。

沟通其实并不难，不管一对一还是一对多，都需双方相互确定反应而进行。听者的反应确能左右说者，但太夸张的反应可能使对方冷场，同时称赞过火或态度不礼貌，也都要避免。唯有态度坦诚，才能建立良好的沟通。

适当的应答可取信于对方，使对方肯表达一切，这才是高明的听话技巧。

夸张也是一种互动技巧

真正成功的主持人,不仅要擅长说话,知识丰富,而且要扮演听众的角色,让在场的人都能在轻松愉快中说出心里的话,而应答是达到这个目标的有效方法。

1. 夸张的应答

比方说,访问明星时,不妨报以较夸张的应答"哦,原来你的星路历程如此坎坷"来激发对方的表达意愿。此外,也可以独特的笑声和语调,或做各种手势,引导对方进入状态。

如此配合对方的喜怒哀乐做适当反应,即使应答比较夸张,也无伤大雅。

不仅是主持人,我们平时与人交谈时,也需具备这种态度。当你得意地谈到自己过去很自豪的事时,要是对方比自己更高兴,或许你会觉得对方做作,但仍会雀跃不已,而想继续说下去。

听者表现得十分专注,从表情或动作中传达关注说者谈话的意思,说者必然是欣喜万分,对听者更加信任。

但话又说回来,需挑选谈话内容做适当反应,不可连言不及义的谈话也表示感兴趣,那么就丧失交谈的意义了。

大部分有听话修养的人都了解应答的重要,他们经常利用"哦""原来如此"或"说的也是"等来吸引对方说话。这种技巧对于增进人际关系有很大的帮助。

2. 夸张的表情

其实,口齿越不伶俐的人,越是对对方的听话态度与心理动态敏感。因此可利用这个弱点控制整个谈话气氛,从中明确表示自己的态度,让对方勇于表达,并可适当加上身体语言,引起对方共鸣。如此一来,必能使谈话顺利进行。

人的表情好比是一面反映内心想法的镜子。因此,往往需要用夸张的表情来满足对方,这样,就可引导话题转向有利于自己的方向。

真正了解听话技巧的人,绝不会机械式地回答"是的",而是坦诚接纳说者,给予适当的反应。

当然,反应太过强烈,同样会令说者不愉快,必须保持尊重对方的态度。

强调交谈内容的价值

深知说话艺术的人,话题都特别丰富。而且,会配合听者的言行,使听者对自己所言深信不疑。当他们发现听者听得入神时,便巧妙运用应答之法,紧紧抓住听者的注意力,使得谈话顺利进行。

演说或工作报告等,都以说者单方面表达为主,直到结束前,听者都没有打断谈话的机会。由于听者无法在中途发表意见,只能以笑声、鼓掌进行表示。

要是换成一对一的交谈,发生任何异议时,便可当场发表。比方说,上司在某次闲谈中提起:"我在学生时代对文学作品很感兴趣,托尔斯泰的作品我大都拜读过。但现在的学生,对这些著作似乎不感兴趣,的确令人惋惜。"

上司得意扬扬地畅谈往事。假如你只是点点头、轻描淡写地说一句"是吗",上司对你的好感可能会大打折扣。但假如换成说"真的?那我待会儿立刻去购买托尔斯泰的书给我儿子看，或许可改变他只喜欢运动而讨厌看书的习惯呢"，这般应答，必能博取上司欢心。

当然，也可以进一步说："经理，您刚才提到的是《安娜·卡列尼娜》？"同时从口袋中取出记事本记下，这样效果更佳。记下对方所言的行为，将使对方觉得十分光荣。

由此可见，应答除了语言和表情外，还包括这种具体行为。

而这种具体行为不仅给予对方信心，同时也表示"你所说的一切都具有价值，值得向人推荐"。平时与人一对一交谈时，均须掌握此原则。

听人说话时，要尊重对方。所谓尊重对方，即指把谈话导向正途。只简单回答"是吗"，根本无法达到这种目的。

如何让说者在谈话后获得满足，与听者的认同具有密切关系。

用应答来引导谈话

有位广播节目主持人,他的应答技巧是一流的。笔者对他所主持的节目颇为欣赏,可说是忠实听众。到底他利用什么技巧,能吸引广大的听众呢?各位耐心往下看,即可见其不一般。

我们都知道,一般人接受访问总是比较紧张,不容易掌握谈话重点。节目中曾播出他访问某模范母亲的实况。这位女士东拉西扯,说了半天还谈不到主题。于是主持人就用巧妙的应答,终于把话题拉回主题。举例来说,"是啊,你先生已去世,单靠你一人抚养孩子,的确很不简单。"或"听说你女儿即将上大学,恭喜啊!"如这般引导人说话,受访者就能进入访谈主题。从他的节目中,确能学习许多谈话技巧。

所谓应答,不仅是指简单的点头,或说"是""嗯",仍须确定内容重点,配合对方做出反应。假如谈话主题明确,就须在不破坏说者兴致的情况下加以引导。利用这种方式,可使谈话流畅，也可帮助说者尽快下结论，这正是应答最重要的作用。

特别是冗长的谈话，更容易出现问题。例如说者也搞不清自己所谈，而且越想确定越慌乱，结果更表达不清楚。这时，听者不妨表示："原来是这样的吗？"先确定谈话重点，再加以整理。

此外，有人需费一番口舌才能表明一件简单的事。这多半是因说者无法确定听者是否已了解所造成的，以至于解释了半天，没有掌握住重点。

有人完全不懂谈话技巧，不是短话长说，就是说些与主题无关的话题，甚至连陈年往事也牵扯上。这样的谈话枝叶太多，渐渐地就会脱离主题。因此听者须予以引导，使谈话走上轨道。

如此一来，即使造成对方一时语塞，只要说者能适时修正或抑制即可。这是听者的重要责任，也是听话技巧之一。听者在注意说者是否离题或拖沓之余，也需考虑整个谈话是否能圆满。

听者固然需要掌握谈话，避免说者跑题，但话题略偏也不必计较，要是处处加以限制，反而使谈话内容乏味，并且也无法尽兴。

电话应答的艺术

面对面交谈与电话交谈相比,听者所注意的重点显然不同。以前者而言,纵然说话失礼也可以表情弥补。只要谈话气氛欢乐,大致不会发生问题。但电话交谈则不然,往往会由于一句无心的话而得罪对方或招致误解。

工作正忙碌时,却接到客户的电话,对方只是闲话家常,而且越聊越起劲。虽然你想马上结束谈话,但又担心得罪人,只好勉为其难地应付。随着你的心情焦急,语气从恭恭敬敬的"是",改成"嗯""哦"。慢慢地,对方会察觉你的态度不恭,而对你感到不满,但其实,对方根本不了解实情。因此,碰到这种情形时,不妨主动说明事实,以委婉的语气结束交谈。

由于电话交谈纯粹是语言沟通,应避免敷衍了事。此外,要是沉默时间太久,必然引起对方误解,以为你没有专心听讲。所以须趁对方说话告一段落时,插上一句"不错"或

"是啊",促使谈话顺利进行。

通电话时看不见面部表情,因此须特别注意声音,因为声音也反应表情。倘若感到不耐烦,对方是能够从声音中感觉出来的。

电话应对以让对方感到受尊重最重要。为此,我们必须学习电话礼貌,培养出恭敬的态度。

当然,这须经长久的训练才能养成。我们常见有人一手握着电话听筒,一手按着电脑键盘,或一面喝茶、抽烟,一面接电话,这些行为均须避免。虽然电话交谈彼此都看不见对方,但仍须保持基本的礼貌。

第五章
情商高的人说服有力

费了很大的力气,就是没法说服对方。继续强行说服,对方干脆不再搭理,就这样冷场了。那么,如何迈过不善说服别人的坎?

感受别人的处境

获得对方支持的秘诀，就是要了解对方的观点，并且从他的角度来看事情。

因此，唯一能影响别人的方法，是谈论他所要的，教他怎样去得到。

记住这点！当你不想让别人去做某件事的时候，譬如说，当你不想让你几岁的儿子学大人抽烟的时候，别跟他讲什么大道理；只让他知道，抽烟会使他无法加入篮球队或赢得百米竞赛。

钢铁大王卡内基很早就知道，能影响别人的唯一方法，是以对方所持的观点来交谈。他只不过上过四年的学校，但是他学会了如何对待别人。

举例来说，他的嫂嫂，为她那两个小孩担忧得生起病来。他们就读于耶鲁大学，为自己的事，忙得没时间写信回家，一点也不理睬他们母亲写去的焦急信件。

于是卡内基提议打赌 100 美金,他不必要求回信,就可以获得回信。他写了一封闲聊的信给他的侄儿,信后附带地说,他随信各送他们 5 美金。但是,他并没有把钱附在信内。回信来了,谢谢"亲爱的安祖叔父"好心写去的信——你可以猜出下一句写的是什么。

沟通大师卡耐基在举办培训班之初,曾向纽约某家饭店租用大舞厅,每一季用 20 个晚上,举办一系列的讲座。

在某一季开始的时候,卡耐基突然接到通知,说他必须付出几乎比以前高出 3 倍的租金。卡耐基得到这个通知的时候,入场券已经印好,发出去了,而且所有的通告都已经公布了。

当然,卡耐基不想付这笔增加的租金,可是跟饭店的人谈论他不想这样,又有什么用?他们只对他们所要的感兴趣。因此,几天之后,卡耐基去见饭店的经理。

"收到你的信,我有点吃惊,"卡耐基说,"但是我根本不怪你。如果我是你,我也可能发出一封类似的信。你身为饭店的经理,有责任尽可能地使收入增加。现在,我们拿出一张纸来,把你可能得到的利弊列出来,如果你坚持要增加租金的话。"

然后,卡耐基取出一张纸,在中间画一条线,一边写着"利",另一边写着"弊"。

卡耐基在"利"这边写下这些字："舞厅空下来。"接着卡耐基说："你有把舞厅租给别人开舞会或开大会的好处。这是一个很大的好处，因为像这类的活动，比租给人家当讲课场地会增加不少收入。如果我把你的舞厅占用20个晚上来讲课，对你当然是一笔不小的损失。"

"现在，我们来考虑坏的方面。第一，你不但不能从我这儿增加你的收入，反而会减少你的收入。事实上，你将一点收入也没有，因为我无法支付你所要求的租金，我只好被逼得到别的地方去开这些课。"

"还有一个坏处。这些课程吸引不少受过教育、水准高的群众到你的饭店来。这对你是一个很好的宣传，不是吗？事实上，如果你花费5000美元在报上登广告的话，也无法像我的这些课程能吸引这么多的人来看看你的饭店。这对一家饭店来讲，不是价值很大吗，对不对？"

卡耐基一面说，一面把这两项坏处写在"弊"的一边，然后把纸递给饭店的经理，说："我希望你好好考虑你可能得到的利弊，然后告诉我你的最后决定。"

第二天卡耐基收到一封信，通知租金只涨50%，而不是300%。

请注意，卡耐基没有说出一句他所要的，他一直都是在谈论对方所要的，以及对方如何能得到自己所要的。

假设卡耐基做出一般人所做的，怒气冲冲地到饭店经理的办公室去说："你这是什么意思，明明知道我的入场券已经印好，通知已经发出，却要增加 3 倍的租金？增加 3 倍！岂有此理！荒谬！我不付！"那么情形会怎样呢？一场争论就会如火如荼地展开——谁都知道争论会有什么后果。

关于为人处世，这是一句至理名言。"如果成功有什么秘诀的话，"亨利·福特说，"那就是了解对方的观点，并且从他的角度来思考问题。"

这句话太简单，太明显了，任何人应该第一眼就能看出其中的道理；但是世界上有 90% 的人在 90% 的时间里，却忽视了其中的道理。

关注对方的注意力

电话机的发明者贝尔有一回为筹一笔款而大伤脑筋。他来到朋友休巴特先生的家中,希望休巴特能对他正在进行的新发明投一点资。

他该怎样说服休巴特先生呢?是开门见山就大谈预算能获得多少利益,还是把他的科学原理给他解释一番?贝尔绝不会做这种傻事的!他只字不提他的真正意图,而是预先设计安排好了一个"局"。贝尔不但是个发明家,而且还是一个出色的交际家呢!

据贝尔的传记所述:他弹着钢琴,忽然停住了,对休巴特说:"你可知道,如果我把这脚板踏下去,向这钢琴唱一个音,比方说'哆',这钢琴便也会重复弹出这个音'哆'。这事您不觉得有趣吗?"

休巴特当然不明白这是怎么回事。于是他悄悄地放下手中的书本,好奇地询问贝尔。贝尔便详详细细地给他解释了音与复音电信机的原理。这场谈话的结果就是，休巴特很情愿负担一部分贝尔的实验经费。

贝尔的决胜策略，其实非常简单，在讲他的故事之前，他先设法引起对方的好奇心。他不愧是无师自通，完全运用了"引起他人注意"的秘诀。

然而我们大概也都知道，这一计策的运用也并非没有地雷暗礁的，我们常常见到许多奇妙的技艺终归失败，其结果不过是看客们一耸肩膀或一扬眉毛，这便是没能够真正运用这个秘诀的缘故。

而贝尔却能够以"新颖"混于"熟悉"之中，很自然地运用了这个计策。休巴特的钢琴就是帮他完成妙计的唯一功臣。

然而，"新颖"的东西固然引人注目，但未必都能牢牢吸引我们。我们常常情不自禁、穷追不舍地要弄个明白的"新颖"的事物，都是有某种条件的，那就是这些"新颖"的东西必须包含我们"熟悉"的成分。倘若不能触及我们自己的经验，我们还是不会深切注意它的。

所以，我们可以下这样的断语："新颖的东西，必须与我们的经验接近才能够引起我们的注意，才能引起我们的好奇心。"

据说贝尔在平时谈话中，也紧守着这个方略。他是一个很健谈的人,而且别人都喜欢听他谈话,因为他的谈话,常是根据别人的兴趣和经验,再穿插以新颖的事物,因而他能够使他谈的事情都像戏剧一样有趣。

所以,当我们很谨慎地根据他人的经验、兴趣,而设法接近他人时,除了拿出"新颖"的东西之外,还得掺和着一些别人"熟悉"的成分。因为我们的目的是不但要吸引他人的注意,还必须把握住他人的注意力而使他人折服。

总之,当我们希望别人接受一个新的理念,并且对于这个理念有所作为的时候,第一要注意的是:"用他们自己的经验来解释给他们听。"

站在对方的立场

除了了解对方,你还需站在对方立场上看问题,你的说服力才会更加客观。站在对方立场看待问题确实不容易,但却不是不可能。具体该怎么做呢?以下几个步骤可供借鉴。

1. 确认劝说到底为了谁

说服他人,并不是为了自己,而是为对方着想。如果你认为"那是再自然不过的了",你便握有成功之门的钥匙。但能够做到这一点的人却寥寥无几。在劝说时,几乎所有的人都会忘记这个最基本的东西。因此,无论你学会多少技巧也无法成功,这就好比在不甚稳固的地基上,建造设计贴心、外观精美的房屋,但房子却随时可能会倾倒。所以当你准备开始说服某人时,务必事先确认此次行动是为了谁。成功的劝说,是建立在为对方利益着想的基础上,这一点万万不可忘记。

2. 事先确认自己的劝说态度

在你企图说服他人前，必须确定你究竟希望对方做出怎样的行动。具体而言，这时的你只需考虑自己的想法，无须顾忌对方的情况。试着直接披露你真正的想法吧，如此一来，你的劝说内容究竟是利己，还是在为对方着想？答案不言而明。在此阶段请先要求自己做到坦白内心真正的想法。

3. 设身处地为对方设想

一般而言，之所以会造成将自己的意志强加给对方的局面，是因为没有事先设想到对方会有哪些反应。请在进行说服前先假设自己是那位被说服的对象，看看面对这样的劝说会做何感想。要完全避免将自己的意志强加到别人身上，你得事先做好充分的调查，其具体步骤如下：

- 已经设定的劝说目标，自己是否能够接受？
- 若不能接受，别人能够接受的程度如何？
- 自己是否能够接受自己常用的劝说方式？
- 听到什么样的劝说内容，你才肯付诸行动？

4. 让自己的真实想法接近对方的想法

在弄清自己真正的目的后，如果贸然付诸实践，依旧很容易招致失败。因此，还必须站在对方的立场上考虑，同时加以研究。当然，由于立场不同，结果必会相互抵触。那么，两者之间的差异究竟是什么？是否能够消除？如果不能消除又该怎么办？而能够消除的具体方法到底是什么？综观这些问题，其实只要你的头脑里存在"劝说是为对方着想"的观念，一切自能迎刃而解。

先说服自己再说服别人

一个人在说服对方之前,必须先说服自己。他认为这样做的目的是阐述问题时心里有底。自己对这种想法还没有接受,自然说服不了别人。相反,自己真心接受了的内容,则具有强大的说服力。

每个人都想方设法改变他人,但几乎很少有人会想到要改变自己,这一点可以说是人的通病,所以,真正能成功说服他人的并不多。另外,人都不喜欢被别人强迫改变意志,想真正做到完全说服一个人是很困难的。但即使是这样,仍有许多人似乎天生具有说服力,一般人都很难抗拒他。到底这其中有什么诀窍呢?其实说来简单,此一诀窍即是不要刻意去改变他人,而是先要改变自己。只有当自己的思想有了转变,才能随机应变,成功地说服他人。

说服他人是很困难的,而改变自己同样不容易。不过,如果你能成功驾驭自己的情绪,想要达到两个目标其实并非遥不可及。大家都知道,说服一个人要花上无数的时间和精力;与此相比,改变自己所需花费的时间和精力就少得多了。而且自我调整、自我控制的状况可以由自己的意志来掌握,所以只要你能认真看待此事,便能够改变自己。

光这样说,你可能还会提出异议:"不!这样我还是很难做到。我可以严格要求别人,但对自己却做不到。再说那样去改变自己岂不是太累了吗?"当然,会有这种想法也是很自然的,只是你真正地意识到了改变自我的重要性了吗?在还没解决自身问题之前,你能保证自己有能力去说服他人吗?你真的已经理解到改变自己可以对说服他人的过程产生影响吗?请你静下心来仔细思考,如果能够深切理解这个问题,我相信每个人都能轻松驾驭自己的情感。

要想说服别人为什么非得先改变自己呢?在此举例说明之。

大刘有一个读小学五年级的儿子。这个孩子数学不太好,经常在课堂上受到老师的指责,"这么简单的问题都解不出来,真笨!"这孩子一而再,再而三地受到这般的责骂,于是越来越讨厌去上学,最后竟拒绝上学了。

当然,这种情况对父母的震撼很大,于是每天早晨他的家里都会像战场一样热闹。"快点到学校去,否则你的功课会跟不上!不要再耍脾气了!""为什么不去上学?不上学读书，你将来就不能在社会上立足！不管怎么说，快点到学校去！"这种斥责根本起不了什么作用，孩子还是坚持不肯去上学。甚至，父母的责骂反而更加深了孩子对于学校的恐惧感。这时候身为父母者为什么不能平静下来反思，归根结底，找出问题真正的症结呢？

其实，在此种情况下，通常父母根本就没有考虑到孩子的心情，他们常常会以世俗的看法来衡量周围的事物。现代人很重视孩子的教育问题，在他们看来，有个不听话、不爱念书的孩子会被邻居们说闲话，会招致人们异样的眼光，同时也是父母的耻辱。而且，未受教育将来就不能适应社会，这同样也是做父母所担忧的原因之一。可是这些想法丝毫没有从孩子的角度出发，完全是父母站在自我利益的角度来思考。所以，极有可能会使孩子对父母的言行产生反感，"你们从不为我着想，只是一味地考虑自身的立场！"所以现在他们不应只想着要如何让孩子去上学，而是要学习改变自己；改变自己思考的角度，并且想办法与孩子进行沟通。父母不应只考虑自己有没有脸见邻居，而是要设身处地去体会孩子的心情，找出孩子为什么会不想上学的心结。

为了这件事，大刘很烦恼。不错，这关系到孩子的将来，关系到孩子能否适应社会的问题，于是他静下心来反省，先前他所采取的方法显然是不对的。他之所以坚决反对孩子不去上学，表面上像是在为孩子的未来着想，但事实并非如此，其中有大部分的原因是为了自己的"面子"问题。后来，他终于改变了自己的想法，开始思考孩子为何不愿上学的缘由，开始站在孩子的立场来看待，并处理这个问题。

很快地，他们明白了孩子心中的烦恼，明白了孩子所承受的心理压力要比他们想象中大得多。他们不再采用强硬的态度去逼迫孩子上学。除了亲自到学校了解状况外，他们更努力站在孩子的立场设想，让孩子自己去决定自己的未来。过了不久，孩子的态度开始发生很大的变化。以前封闭的心、不与父母沟通的态度完全改变了，不但与父母的关系变得很亲密，而且总是面带微笑，人生观也有了很大的转变。不久，他便重新背起书包上学去了，学习能力也明显提高了。这个故事告诉我们，虽然我们不刻意去说服他人，但只要自己的态度改变了，被说服者不用经过说服的程序也会走到正确的轨道上来，这就是说服的最高境界。千万不要忘记：不改变自我，是难以说服他人的。

在着手说服对方的时候，我们应先做好一项准备，就是在说服他人之前，首先要说服自己。不过，现实生活中真正能说服自己，并且身体力行的人却很少。有人认为，说服自己仅仅是为了寻找说服对方的办法，其实这是一种误解。我们要先说服自己，并非仅仅是在寻找方法，最重要的是在练习。试想一个连自己都说服不了的人,如何能成功地说服他人呢?所以要想成功说服他人,就必须从说服自己开始。

以下,我们就按照一定的步骤来看一看说服自己的方法:

在说服过程中,我们可以假设自己是要被说服的人。你不妨站在被说服者的角度上,想一想该采用什么样的说服办法,什么样的内容、说法和怎样的主题才容易被接受,以及为什么会被接受?在这段过程中,主要的目标是假设自己正是被说服的对象。如此一来就可以完全不用顾虑对方的反应,只需把自己所有的优势通过各种途径表现出来就可以了。不要小看这种练习,它的作用是很大的,试想自己的说服方法若连自己都无法理解,或者是连自己都说服不了,那你还有什么资格去说服他人呢?

说服对方之前,我们应充分理解自己将要说的内容。如果不能彻底理解说服的内容,就很难做到切中要害,甚至会出现前言不搭后语的弊病。这样等你真正开始进行说服时,对方一定会听得满头雾水。如果对方不能理解你所说的一切,那么你想成功地说服对方显然就是痴人说梦了。

如果你能充分理解自己的说服内容,那么自然会拥有足够的说服能力和自信,并在无形之中,转化为果断迅速的魄力,让对方不由自主地仔细聆听,甚至接受你的观点。

仅仅理解说服内容是绝对不够的，在说服的准备阶段要做的事还不止这些。在说服他人的过程中，仅仅靠清楚易理解的说服内容是不足以打动对方的，如果没有倾注一定的热情，想要成功又谈何容易。这种热情除了能直接增加说服力外，也能帮助我们更深刻地理解说服内容。此外，它还可以刺激你的灵感，提高你随机应变的能力。那么，为了让自己充满热情，应该如何做才好呢？我们来看以下3个要点：

·要确认自己说服内容的效果及效用。这里所说的确认，并非只用脑子记住就行，更重要的是要切身地去体会。

·要在心中反复默诵说服内容的效果，不要老是惦记着该内容的缺陷。在潜意识中，我们应记住积极有利的内容。

·即使你觉得自己的说服内容有很多不妥之处，也应尽力找出其中的优点。

理解了说服内容，拥有了高度的热情后，接下来我们就要考虑应该如何表达才能让对方欣然接受。这时，我们应抓住内容细节和印象描述的要点，力求自己口中说出的言语浅显易懂。那些抽象、专业的表达，只会让别人对你的说服内容感到"丈二和尚摸不着头脑"。这种连自己都会搞混的表达方式，要想让对方理解并接受，根本是不可能的。所以，我们必须弄清楚这点：想表达的语句必须做到自己先能够理解后，才可能被对方所接受。其实，就像一名教师要把自己的知识传授给学生一样，有的教师讲课学生很容易理解，有的教师虽然才华横溢，但教学效果却极差。所以说，浅显易懂的表达方式是很必要的。

劝导不如引导

美国《纽约日报》总编辑雷特身边缺少一位精明干练的助理，他把目光瞄准了年轻的约翰·海。他需要约翰帮助自己成名。而当时约翰刚从西班牙首都马德里卸任外交官一职，正准备回到家乡伊利诺伊州从事律师职业。

雷特请他到联盟俱乐部吃饭。饭后，他提议请约翰·海到报社去玩玩。从许多电讯中间，他找到了一条重要消息，那时恰巧国外新闻的编辑不在，于是他对约翰说："请坐下来，为明天的报纸写一段关于这消息的社论吧。"约翰自然无法拒绝，于是提起笔来就做。社论写得很棒，雷特看后也很赞赏，于是就请他再帮忙顶缺一星期、一个月，渐渐地干脆让他担任这一职务。约翰就这样在不知不觉中放弃了回家乡做律师的计划，而留在纽约做了新闻记者。

由此可以得出一条求人办事的规律：劝导不如引导。

在运用这一策略的时候，要注意先引起别人的兴趣。

当你要引导别人去做一些很容易的事情时,先得给他一点小胜利。当你要引导别人做一件重大的事情时,你最好给他一个强烈刺激,使他对做这件事有对成功的希求。在此情形下,他的自尊心被激起来了,他已经被一种渴望成功的意识刺激着了,于是,他就会很愉快地答应再尝试一下了。

凡是领袖人物,都懂得这是与人合作的重要策略。有的时候,常常要费许多心机才能运用这个策略,但有时候又很容易。像雷特猎获约翰一例,他只是稍许做了些安排。

迂回说服的意外效果

有这样一则寓言：一个农夫穿着厚厚的皮大衣在户外砍柴。风和太阳正在为谁的本事大的问题争论不休。风的性格急而善变，太阳则慈善温和。他们争论了好久，总不见结果，风愤怒地说："我无所不能，既可为酷暑带来清凉，也可以给收获带来灾难，我无可战胜，风雨雷电，高山大河都无法阻挡我的脚步。"太阳说："你之所以能走遍千山万水，最初的动因还不是我？"两个人谁都不服气。这时他们看到了农夫。

风单刀直入地说："你看到那个农夫了吗？我可以让他脱尽所有的衣服。"太阳不信，风更加愤怒，他只想以实际行动来证明自己的威力。只听一声吼叫，万风奔腾，直奔农夫而来。可农夫却把衣服扎得更紧了，嘴里还说："真怪，天怎么越来越冷了，早知这样，应该多穿点才好。"无论风怎样努力，最终还是不能脱下农夫的衣衫。

太阳微笑着说："你的方法太过直接了，还是看我的吧。"太阳反其道而行之，它尽可能地发出强光，不一会儿农夫便脱下了皮衣，嘴里还说着："怪了，天气怎么突然变得这么热。"

上面这则寓言充分说明迂回战术的优势。这种迂回战术被许多成功人士所重视。著名战略家克罗莫斯在《战略术》一书中高度评价了迂回战术。他说："无论是在政治、经济还是国际关系中，迂回战术都明显比直接攻击高出一筹。因为直接攻击只会激怒敌方，从而引起更加强烈的反抗。迂回则不同，它是以间接的、不知不觉的方法使形势转变为有利于自己。在商业竞争中，讨价还价也比直接求购强得多。"

我国战国时期触詟说服赵太后的方法，便是运用迂回说服策略的典范。

触詟深知赵太后深爱长安君，要从正面说服她让爱子到齐国当人质，只会碰钉子。所以他先避开"人质"问题，而从关心太后饮食起居、身体健康这个"侧面"谈起，进而迎合太后身为妇人的爱子之心。接着，以谈自己的儿子的打算来借题发挥，诱发太后对自己"爱子之见"的谈兴，直到太后非要寻根究底，才水到渠成地阐明：爱子，必须让他为国立功，才是真正爱子的根本道理，使赵太后幡然醒悟。

这种"以迂为直"的策略，在正面"强攻"不下的情况下，不失为一种灵活有效的办法。因为它结合明确的目的性与战术的灵活性，避开对方布下的"地雷区"，进攻的路线又带有隐蔽性，并符合对方的心理需求，所以容易在对方戒备不严的情况下，逐步诱使其不知不觉地接受自己的观点。

1939年，德国物理学家哈恩发现了中子裂变现象，人们从中预见裂变会产生连锁反应，利用它可以研制出一种威力巨大的武器——原子弹。当时，美国的一些物理学家听说德国想要研制原子弹的消息，心急如焚。他们找到了大科学家爱因斯坦，要求他上书罗斯福总统。爱因斯坦立即写信给罗斯福，请他重视核武器的研制，赶在纳粹德国之前造出原子弹。

但是，要实现这一主张，必须说服罗斯福总统。派谁去说服呢？爱因斯坦等科学家选中了罗斯福的朋友——国际金融家萨克斯。萨克斯好不容易才得到机会跟罗斯福会面，并简洁地转述了爱因斯坦的信件内容。可是，罗斯福的反应非常冷淡："这些东西在外行人耳中听起来真是神乎其神，请转告你的物理学家，我会为他的成功祈祷。不过我觉得，在现阶段，进行这件事似乎还太早……"

萨克斯在离开罗斯福的办公室之前，急中生智，给罗斯福讲了一个故事。他说："在上个世纪初，拿破仑凭借他强悍的军队，几乎席卷整个欧洲，但就是打不下英国，因为当时英国拥有强大的海军和战舰。就在这时，一位年轻的美国科学家富尔顿来到拿破仑面前，建议他在每艘战舰上加装蒸汽机，这样，在任何恶劣气候的情况下都能横渡英吉利海峡，出奇制胜地登陆作战。但是，拿破仑却对没有帆的船没有信心，于是他对发明家报以一顿冷嘲热讽。"萨克斯说完后，又补充一句说："历史学家评论这段历史憾事时认为，要是拿破仑当时能够采纳富尔顿的建议，那么19世纪的欧洲历史将要重新写了。"

听完之后，罗斯福总统被打动了，于是他随即在爱因斯坦的信上签署："此事必须立即付诸行动！"从而揭开了原子弹制造史的第一页。

说服别人是场持久赛

如果你的观点是对的,一时说服不了人家,你很可能会犯过分心急的毛病。当然,如果人家听了你的劝说,立刻点头叫好,改弦易辙,并称赞你"一言惊醒梦中人",这自然是最妙不过的。实际上,这种情况并不多见。别人的看法、想法、做法,不是一天形成的。"冰冻三尺,非一日之寒",因此,要对方改变看法也绝非一日之功。相反,即使他当时表示了心悦诚服,你还要让他回去好好考虑。因为积习难改,当面服了,回去细想可能还会出现反复。如果真是如此,千万不能指责对方是"当面一套,背后一套"。

正确的做法第一要耐心,第二要耐心,第三还是要耐心。

当你不能说服对方的时候,甚至被人抢白一顿后,不要生对方的气,更不能生自己的气。"算了,管这闲事干什么?"这种想法是不应该有的。

你要有长期做说服工作的准备。对于"成见"这座山,今天挖一个角，明天铲一块土，逐步解释一些细节和要点，日积月累，"成见"就会渐渐消除了。

你还应当扩大你的阵线。有时候，别人不难被你说服，但他身后存在着庞大的力量，被人怂恿几句，思想又有波动，所以，你面对的可能不是一个人，而是一群人。有鉴于此，你应当从各方面增加自己的力量。如你可以给对方介绍一些有益的书，看一部好电影，也可以找一些与你见解相同的人一起帮你做说服工作。通过这一系列的工作，不但能从各侧面帮助对方，而且对你也是一个促进，因为你也从多个侧面的工作中提高了自己。

说服与批评之间，既有相似相通之处，又有相异相悖之处。这是两个有部分外延交叉重叠的概念。

说服与批评，都有对人施加思想影响，从心理上征服人的意图。批评常辅以说服，批评离不开说服；说服有时也带有批评，但说服不一定都带批评。如推销产品时，一般都是对产品大讲好话，对顾客大加赞赏。极少有批评顾客、买方的。批评的目的就是为了帮助对方改正。说服人接受你的主张，总要或多或少能给对方带来一定的精神上或物质上的好处。说服的过程，就是宣传这种好处，令对方信服。被说服者不一定有什么缺点、错误，他放弃的主张与接受你宣传的主张，不一定有正误之分，可能只有全面、完美的程度之别。

批评的态度较严肃或严厉，说话的语气也较重、较强硬；说服的态度较温和，语气也较轻、较委婉。批评的话语，贬义词多于褒义词、否定词多于肯定词。说服的话语，褒贬皆可；根据说服的对象与内容的不同，有时褒多于贬，有时贬多于褒。如果进一步仔细分类，说服还可以再分为批评性说服与赞美性说服两类。接受批评，可能会是自觉自愿，也可能多少带点勉强。接受说服，完全是自觉自愿，不带任何勉强。

民主空气浓厚，解决矛盾纠纷、统一思想认识时，说服多于批评，协商多于命令，其结果是人际关系和谐，人心团结向上，社交往来活跃。反之，则人际关系紧张，人心貌合神离，社交生活沉寂。虽然说服与批评皆不可少，但我们希望在一切社交场合，说服多一些，批评少一些，遇有矛盾分歧，尽可能多采用说服手段。

把自己的意志转嫁他人

哈斯特是从一份小报奋斗到 23 家报纸和 12 种杂志的著名出版大家，他因为著名漫画大师豪斯为他画的漫画不大满意而感到失望。哈斯特与豪斯本不大熟悉，此次请他来是为了助成一个重要的计划，于是豪斯画了那张令人失望的漫画。

哈斯特想，一定要引导豪斯重画一张令人满意的才行。可是怎样才能得到漫画家重画一张令人满意的杰作呢？如果重画，这张失望的漫画就得作废。怎样才能既不使他扫兴又重画一张呢？当天晚餐的时候，哈斯特对豪斯的漫画大大赞颂了一番，接着便说："这城里的电车已经伤了许多孩子，有时我看着这些电车，觉得那开车的人简直就像个死人。据我看来，那些死人好像都在斜睨着那些在街上玩耍的孩子，不假思索地直冲过去。"豪斯这时惊跳起来，大声嚷着："天啊，哈斯特先生，这完全可以画一张震慑人心的好漫画作品。你把我画的那张作废了吧，我再替你重画一张。"于是豪斯劲头十足地在旅馆里连夜赶着又画了一张令人满意的杰作，一张使电车公司屈服的漫画。哈斯特天赋巧妙的暗示法，真可以作为我们日常生活中千百种类似情形的范例。

在这件事情中，从哈斯特这方面来说，他巧妙地引导豪斯自动取消了第一张画稿，而且还不辞辛劳地连夜将哈斯特心中的想法画出。而对豪斯来说，他还以为是被自己的灵感所触而即兴创作，辛劳一夜为人做嫁衣却乐此不疲，真是皆大欢喜。设想一下，如果哈斯特不是用他的"巧妙暗示法"将自己的思想移植到豪斯心中，不留一点痕迹，而是直言指出豪斯的画令他不满意并要求豪斯按照他的设想重画一张，那么豪斯准会愤怒地将他的漫画扯碎然后拂袖离去。

"巧妙暗示法"是一种非常实用的方策。因为人总喜欢以最大热情去表现自己的思想，所以要使别人乐意采纳你的意见，最佳的方法，便是让他们自信地认为这是他自己的创作，而不是受人"指使"。用这个方法来对付无论是我们的上司还是下属，都能保护到他们的自尊心，使他们感觉到自己的重要，并努力朝你希望达到的目标努力。

著名管理学家泰勒对待他的伙计们，也是运用这个方法，使伙计们以为他逐步灌输给他们的那些思想，都是他们自己的创见。据他的一位同事惠尔说："泰勒很懂得他的真正目的并不在于要争取名誉，而在于要把工作做好。然而这一策略不但使他的任务完成得事半功倍，而且还给他赢得善于用人的好名誉。"

当威尔逊做总统时，在他的顾问班子中间，唯有霍士最得其信任。别人的意见，他常常很少采用，或是根本不采用，而霍士却屡屡进言得以采纳，后来霍士做了威尔逊的副总统。霍士自述道："我认识总统之后，发现了一个让他接受我的建议的最好方法，我先把计划偶然地透露给他，使他自己感兴趣。这是在一次偶然的机会中发现的。我有一次去谒见总统，向他提出一个政治方案，可是他对此表示反对。但是几天之后，在一次筵席上，我很吃惊地听到他将我的建议当作他自己的意见而发表了。"

霍士不但使威尔逊自信地认为这种思想是自己的，后来他还牺牲了自己许多伟大的计划，让给威尔逊来获得民众的拥戴。

那么，霍士怎样把计划移植到威尔逊心中的呢？他常常走进总统办公室，以一种请教的口吻提出建议："总统先生，不知道我这个想法是否……您不觉得这样做还有什么不妥吗……我们是不是这样……"就这样，霍士把自己的思想不露痕迹地灌入威尔逊的大脑，使他从自己的角度考虑这些计划，加以完善并付诸实施。

让我们再来讲一个故事，著名工程师惠尔如何折服一个刚愎的工头。有一次，惠尔想在其负责的工段更换一个新式的指数表，但他想那个工头必定要反对的，于是惠尔就略施小计了。据他自己说："我去找他，腋下夹着一只新式指数表，手里拿着一些征求他意见的文件。当他们讨论这些文件之时，我把那只指数表从左腋换到右腋地移动了好几次，终于他开口了：'你拿的是什么？''哦，不过是只指数表。'我不经心地答着。'让我看一看。''哦，你看它做什么，你们部里又不用这个。'我装作要走的样子。'但我很想看一看。'他坚持道。于是我装作很勉强的样子将那指数表递给他，当他审视的时候，我就随便地，但非常详细地把这东西的效用说给他听。他终于喊起来：'我们部里用不到这东西吗？天哪，这正是我早就想要的东西！'"惠尔故意这样采用激将法，欲擒故纵，结果很巧妙地达到了目的。

有许多人常常苦于自己的意见不被重视，其实仔细找一找原因，原来根源在于自己没有明了"怎样让人采纳自己意见的方法"。惠尔的故事告诉我们，如果我们的上司是一个目光炯炯思想保守的家伙，我们要向他提建议，就得先思索一下，我们向他贡献意见的方法错了没有。

凡是领袖人物，都明白要别人采纳自己的主意，通常是得不到任何报酬的，而且当时也没什么愉快可言，而以后得到的亦只是一种能力——驾驭人的能力。但有才干的人常常情愿牺牲自己的虚荣心，而求得自己的主张被采纳并付诸实施。他们所高兴的，只是看到自己的主意受到信任、采纳和实施，而不在乎以谁的名义发表、实施。